t.

TRAUNER VERLAG

SCHULPRAXIS

W0049210

Barbara Prashnig

LernStile und personalisierter Unterricht

Neue Wege des Lernens

Impressum

Schulpraxis

Barbara Prashnig
**LernStile und
personalisierter Unterricht**
Neue Wege des Lernens

© 2008
TRAUNER
Verlag + Buchservice GmbH
Köglstraße 14, A 4020 Linz

Herstellung:
TRAUNER Druck GmbH & CoKG,
A 4020 Linz, Köglstraße 14

ISBN 978-3-85499-364-3
www.trauner.at

INHALTSVERZEICHNIS

1

2

3

4

5

6

7

8

LernStile und personalisierter Unterricht

In diesem Buch finden Sie einen knappen, praxisorientierten Überblick über die LernStil-Analyse (LSA) und die LehrStil-Analyse (Teaching Style Analysis – TSA). Diese Diagnoseinstrumente, entwickelt am Beginn der 1990er-Jahre, wurden seither verfeinert und verbessert. Heute werden sie weltweit mit großem Erfolg eingesetzt.

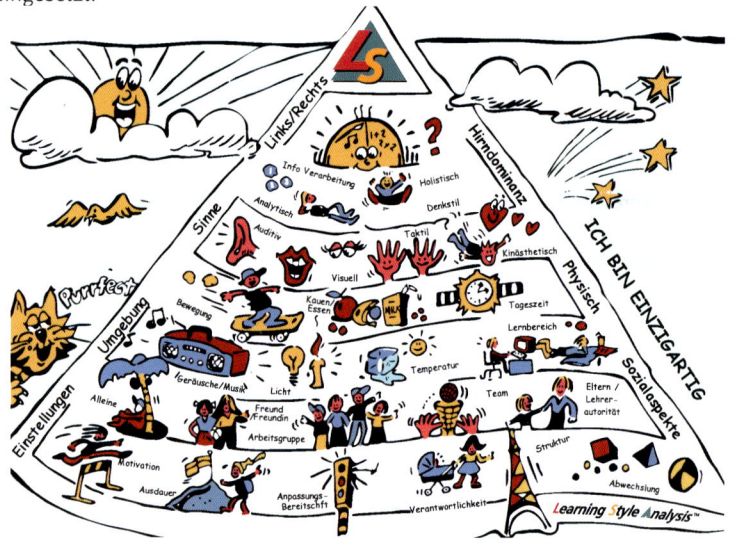

In der abgebildeten LSA-Pyramide sind die 49 Elemente des LernStil-Modells dargestellt, die in sechs Schichten gruppiert sind. Diese Illustration fasst augenfällig die konkreten Anforderungen zusammen, mit denen Lernende konfrontiert sind. So wird das Zusammenspiel zwischen biologischen und erworbenen Faktoren eines jeden Menschen in schwierigen Lernsituationen nachvollziehbar.

Seit mehr als drei Jahrzehnten taucht der Begriff „Lernstile" (LS) immer wieder in der wissenschaftlichen Literatur auf. Oft wird er abwertend gebraucht, missverstanden, als nicht existent oder gefährlich abgetan. Manche pädagogische Theorien setzen aufwendige Forschungen voraus, damit Unterricht verändert werden könne und sich die Leistungen der SchülerInnen verbessern. Und selbst dann sei das mit großen Schwierigkeiten verbunden. Jedenfalls könnten „normale" LehrerInnen solche Veränderungen nicht ins Rollen bringen, auch wenn sie neue, auf den Lernstilen basierende Unterrichtsmethoden einsetzen.

Doch Tausende LehrerInnen waren und sind mit der LernStil-Analyse erfolgreich, oft gegen massive Widerstände. Allen Anfeindungen zum Trotz gibt es die Lern-Stile – und sie erfreuen sich weltweit eines wachsenden Interesses.

Dazu hat besonders das Internet beigetragen. Hier ist allerdings auch Vorsicht geboten. Nicht alles, was sich auf den unzähligen Websites (ca. 15 Millionen Seiten) zum Thema Lernstile findet, ist uneingeschränkt zu empfehlen. Die meisten Tests und Profilerstellungen sind entweder sehr oberflächlich oder vereinfachen in unzulässiger Weise, sie gehen mit Scheuklappen an das Thema heran oder verfehlen es überhaupt ganz. Kurztests können der Komplexität der angeborenen und erworbenen Merkmale nicht gerecht werden, aber gerade sie machen in ihrer Gesamtheit den Lernstil eines Menschen aus. Nur ein umfassendes Instrument wie die LSA kann hier wirksam helfen, sie zeigt die tatsächlichen Lernbedürfnisse der SchülerInnen auf, die sie beim Erwerb neuer und/oder schwieriger Inhalte haben. Gerade diese Informationen geben den LehrerInnen Tipps, wie sie ihren Unterricht individualisieren können. Mit dieser Individualisierung erschließen sie das Lernpotenzial, das bei allen SchülerInnen vorhanden ist.

Dieses Handbuch ist klar strukturiert: Auf der linken Seite finden Sie jeweils Informationen zu den verschiedensten Aspekten der LernStile. Die rechte Seite ist Erklärungen, Tipps, Interpretationen und Anwendungen vorbehalten. LehrerInnen können damit die unterschiedlichen Lernstile in ihren Klassen besser erkennen. Sie können daraufhin die Resultate der LSA-Profile gezielt einsetzen und ihre Unterrichtsmethoden an die tatsächlichen Lernbedürfnisse ihrer SchülerInnen anpassen. Auf diese Weise werden Etikettierungen wie „lernschwach", „verhaltensauffällig", „AD(H)S" (Aufmerksamkeitsdefizitstörung mit/ohne Hyperaktivität) und „legasthenisch" an Bedeutung (und Schrecken) verlieren. Denn auch diese Kinder können tatsächlich gut lernen; sie lernen eben nur anders – oft auf eine unübliche Weise, die für LehrerInnen (und Eltern) schwer verständlich ist. Mit diesem Buch werden solche Verständnisprobleme aus der Welt geschafft. Werden die LernStile in der Schule berücksichtigt, lernen SchülerInnen gerne und effizient und LehrerInnen unterrichten erfolgreich und mit Freude.

Einige populäre Irrtümer zum Thema Lernen

1. Am besten lernt man, wenn man aufrecht an einem Schreibtisch sitzt.

2. Am besten lernt man bei hellem Licht. Wenn man bei weniger hellem Licht liest und arbeitet, ruiniert man sich nur die Augen.

3. Essen sollte im Unterricht nicht erlaubt sein.

1. Die Erfahrung zeigt, dass viele Menschen in einer informellen, zwanglosen Umgebung bessere Leistungen erbringen. Das gilt besonders für Kinder. Ungeachtet dessen haben alle Klassenzimmer Holz- oder Plastikstühle und Schreibtische, die eigens für das Lernen konzipiert worden sind. Wenn man auf einem solchen Stuhl sitzt, ruhen etwa 75 % des gesamten Körpergewichts auf nur 10 cm^2 Knochengerüst. Aufrechtes Sitzen führt zu Ermüdungserscheinungen, Unbequemlichkeit und dem Bedürfnis nach häufiger Haltungsänderung. Es hilft SchülerInnen also nicht, besser zu lernen, und provoziert oft körperliche Unruhe.

2. Bei Experimenten hat sich gezeigt, dass manche SchülerInnen in weniger gut ausgeleuchteter Umgebung signifikant bessere Leistungen erbringen. Dieselben ProbandInnen wurden durch starkes Licht unruhig, zappelig und hyperaktiv. Weniger starkes Licht hilft besonders holistisch veranlagten SchülerInnen, sich zu beruhigen, sich zu entspannen und sich zu konzentrieren. Die meisten SchülerInnen mit weniger guten Leistungen brauchen gedämpftes Licht. LehrerInnen staunen meist, wie sich Benehmen, Konzentration, Prüfungsergebnisse und schulische Leistungen insgesamt bessern, wenn diese SchülerInnen bei gedämpftem Licht arbeiten können. Je jünger Kinder sind, umso weniger Licht scheinen sie zu brauchen. Akzeptieren Sie es einfach als eine Tatsache, dass sie zum Lesen nur das Licht brauchen, bei dem sie sich wohlfühlen. Allerdings scheint sich das Verlangen nach hellerer Beleuchtung alle fünf Jahre zu erhöhen, sodass Erwachsene sehr viel mehr Licht brauchen als Kinder.

3. Viele SchülerInnen können sich besser konzentrieren, wenn sie beim Lernen essen, knabbern, trinken, kauen oder beißen dürfen. LehrerInnen sind oft überrascht, wenn sie sehen, dass ihre SchülerInnen sich viel besser konzentrieren können, wenn sie kauen und/oder ihre Wasserflasche während Lernphasen bei sich haben dürfen. Wenn dies nicht gestattet ist, dann suchen sie sich ein Ersatzobjekt zum Kauen. Da dieses Bedürfnis biologischen Ursprungs ist, wird es Ihnen nicht gelingen, es zu unterbinden.

Einige populäre Irrtümer zum Thema Lernen

4. SchülerInnen, die nicht still sitzen, sind noch nicht reif genug zum Lernen.

5. Schwere Fächer unterrichtet man am besten früh am Morgen, wenn die SchülerInnen noch am ehesten ausgeruht sind.

6. Mit zunehmendem Alter fällt es SchülerInnen leichter, sich an den Stil ihrer LehrerInnen anzupassen.

4. Viele SchülerInnen brauchen in Lernphasen die Möglichkeit, sich zu bewegen. Eine amerikanische Studie hat gezeigt, dass die Hälfte des siebten Jahrgangs einer Schule beim Lernen ein ausgeprägtes Bedürfnis nach Bewegung hat. Wenn ihnen die Möglichkeit geboten wurde, während des Erwerbs von neuem Wissen von einem Bereich des Unterrichtsraumes in einen anderen zu gehen, besserten sich ihre Leistungen signifikant. Die meisten SchülerInnen, die sich auch bewegungsmäßig frei fühlen, lernen mehr, sind aufmerksamer und erzielen bessere Testergebnisse als die, die einfach dasitzen und zuhören.

5. SchülerInnen, die tatsächlich am Vormittag am besten lernen, sind Morgenmenschen. Wie steht es aber mit den 'Nachtvögeln' und den 'Nachmittagsmenschen'? Wenn SchülerInnen sich voll konzentrieren sollen, dann ist die Tageszeitpräferenz wahrscheinlich von größerer Bedeutung als der Gegenstand oder die Zeit, die dafür aufgewendet wird. Es ist der experimentelle Nachweis erbracht worden, dass sich bei SchülerInnen, die zu ihren bevorzugten Tageszeiten lernen durften, Besserungen im Verhalten, in der Motivation und in mathematischen Leistungen zeigten. Wenn ihnen die Möglichkeit geboten wurde, Tests zu der Zeit abzulegen, in der ihre Energie am höchsten war, erbrachten sie signifikant bessere Leistungen.

6. Während ältere SchülerInnen weniger Lehrerautorität und weniger vorgegebene Strukturierung brauchen, zeigen sie weiter große Unterschiede in ihrem Lernverhalten und haben weiter verschiedene Bedürfnisse.

Die meisten wollen, wenn sie älter werden, mehr Unabhängigkeit und entwickeln starke Merkmale der Nonkonformität, die oft auch ein Hinterfragen jeder Art von Autorität nach sich zieht. Es ist deshalb auch angebracht, ihnen Optionen zu lassen, was das Fertigstellen von Arbeitsaufträgen und vorgeschriebenen Lernzielen betrifft. Das gibt ihnen die Möglichkeit, ihre Reife und ihr Verantwortungsgefühl unter Beweis stellen zu können.

Kapitel 1: LSA – das wirksamste Unterrichtsmittel

Für erfolgreiche Lehrplanerfüllung benötigen PädagogInnen verlässliche Informationen über die Lernstile ihrer SchülerInnen. Diese Informationen werden durch LSA-Instrumente für verschiedene Altersgruppen zur Verfügung gestellt. Diese Instrumente geben detaillierte Informationen über biologische (natürliche) und konditionierte (erlernte) Lernbedürfnisse. Die Vertrautheit mit LSA-Ergebnissen ist für LehrerInnen und ErzieherInnen ein notwendiges und höchst effektives Unterrichtsmittel.

LSA-Fragebögen

Schon das bloße Durcharbeiten der Aussagen des Fragebogens ist äußerst aufschlussreich. Denn SchülerInnen werden sich ihrer Stilpräferenzen bewusst, indem sie auf die detaillierten Optionen reagieren. Die meisten vergegenwärtigen sich hier erstmals, wie sie tatsächlich lernen, wenn sie mit neuem und/oder schwierigem Stoff konfrontiert sind.

Je nach Altersgruppe der SchülerInnen stehen vier Instrumente zur Verfügung, die über die entsprechenden Fragebögen abgerufen werden können:
LSA-Junior Mini (5–10 Jahre)   LSA-Junior Unterstufe (8–13 Jahre)
LSA-Senior Oberstufe (14–17 Jahre)   LSA-Erwachsene (18+)

Die Fragebögen sind entweder als Ausdrucke auf Papier oder online von folgender Website zu beziehen: www.creativelearningcentre.com.
Die Fragebögen können online ausgefüllt werden und detaillierte persönliche Profile können käuflich erworben werden. Diese Profile identifizieren den persönlichen Lernstil des Schülers/der Schülerin und geben LehrerInnen und Eltern Tipps, wie sie die optimalen Bedingungen für ein erfolgreiches Lernen schaffen können.

Beispiel: Ausschnitt aus dem Fragebogen LSA-Senior:

Name:_____ Klasse: _____

Bitte denke daran:
Markiere nur Feststellungen, die wirklich auf dich zutreffen!

1A __Wenn ich Verkehrslärm, Musik, TV oder sich unterhaltende Menschen höre, kann ich mich nicht konzentrieren.
☐ __Wenn ich lese oder lerne, brauche ich Ruhe.

1B __Wenn ich lese oder lerne, mag ich Hintergrundmusik.
☐ __Wenn es in der Klasse sehr ruhig ist, kann ich mich nicht konzentrieren.

Die Bearbeitungszeit beträgt pro Fragebogen zwischen 20 und 30 Minuten, je nach Altersgruppe und Lesekompetenz der ProbandInnen.

Hinweis für LehrerInnen:
Legen Sie Wert auf eine gut organisierte Präsentation der LSA. Die verlässlichsten Resultate erhalten Sie, wenn Sie den SchülerInnen eine detaillierte Einführung geben. Erklären Sie ihnen, dass es sich hier nicht um einen Test im herkömmlichen Sinn handelt, dass es keine „richtigen" oder „falschen" Antworten gibt und auch kein „Nicht bestanden"/„Nicht genügend".
Den SchülerInnen müssen zwei Dinge klar sein: Einerseits helfen ihnen ihre LSA-Profile, den Lernerfolg zu verbessern. Und andererseits tragen die LSA-Profile dazu bei, dass die Schule und die LehrerInnen die Lernumgebung und Unterrichtsmethoden an die Bedürfnisse der SchülerInnen anpassen können.

Geben Sie Ihren SchülerInnen folgende Hinweise,
bevor diese ihre Online-LernStil-Analysen durchführen:
1. Stellt euch eine Situation vor, in der ihr neuen und/oder schwierigen Stoff lernen müsst.
2. Klickt alle Aussagen an, die auf euch zutreffen.
3. Antwortet so spontan wie möglich. Ihr braucht nicht über einzelne Aussagen grübeln.
4. Wenn nötig, nehmt euch während der Arbeit am Computer eine kurze Auszeit, um euch die Beine zu vertreten. Aber achtet darauf, dass ihr dabei niemanden stört.
5. Antwortet zügig und nach bestem Wissen. Mogeln gilt nicht, das Programm kommt ohnehin drauf.
6. Wenn ihr ehrlich antwortet, dann bedeutet das für euch selbst und für uns eine Hilfe.
7. Gibt es noch irgendwelche Fragen?

Praktische Tipps

*Behandeln Sie mit sehr jungen SchülerInnen die ersten paar Fragen in der Gruppe oder lesen Sie alle Fragen laut vor. Bieten Sie darüber hinaus **keine** Hilfestellung, aber beantworten Sie allfällige Fragen, wenn es Probleme bei der Bearbeitung der Aussagen gibt.*

*Learning Style **A**nalysis*™

LernStil Analyse - Mini: Schülerversion

Persönliches Profil
für
Peter Grover
Eingegeben: Dienstag, 8. Januar 2008

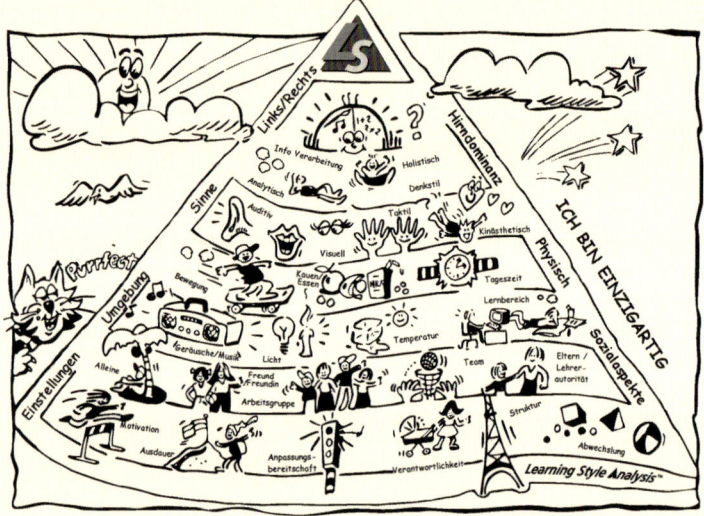

Und so setzt du die Ergebnisse der LernStil Analyse am wirkungsvollsten um:

 Markiere die oben stehende LernStil Pyramide farbig, um deine Präferenzen, deine Nicht-Präferenzen und/oder die Bereiche sichtbar zu machen, in denen du anpassungsfähig bist.

 Sieh dir deine Präferenzen und deine Nicht-Präferenzen in deinem Kurzprofil genau an. Setze deine Präferenzen ein, wenn du etwas Neues und/oder Schwieriges lernst.

 Aus Grafik 1 und 2 in deinem Profil kannst du ablesen, wie flexibel du bist. Deine Flexibilität ist eine weitere Stärke deines Lernstils; in schwierigen Situationen ist sie besonders nützlich.

 Bitte beachte: Man kann es sich nicht immer optimal "richten", weder in der Schule noch zu Hause. Konzentriere dich daher zuerst immer auf die Dinge, mit denen du dir das Lernen leichter machen kannst.

Für weitere Information bitte kontaktieren Sie
Creative Learning, PO Box 25-724, St. Heliers, Auckland 1740, New Zealand.
Ph +64.9.309-3701, Fax +64.9.309-3708, Email: info@pss-styles.co.nz, Website: www.prashnigstyles.com

Es handelt sich hierbei um computerisierte LernStil-Diagnosen, die über das Internet abrufbar sind. Sie basieren ursprünglich auf dem Dunn-&-Dunn-Lernstil-Modell, das in den frühen 1970er-Jahren in den USA entstand. Die Entwicklung der LSA begann im Jahr 1992 und heute stehen sie in erweiterter und neu gestalteter Form zur Verfügung. Mithilfe der LSA können Lernende ihre idealen Lernbedingungen erkennen und herausfinden, wie sie sich am besten neuen und/oder schwierigen Stoff aneignen. Die Eltern- und Lehrerversionen enthalten Tipps, wie Erwachsene den Kindern entsprechende gezielte Unterstützung beim Lernen zu Hause und im Unterricht geben können.

Alle Instrumente sind in Ausstattung und Format gleich und bestehen aus Deckblatt, Zusammenfassung des Profils, „Persönlichem Bericht", Grafik 1 (biologische Elemente), Grafik 2 (konditionierte/erworbene Elemente) und Grafik 3 (LernStil-Tendenzen).

Zur Interpretation des Profils

Der „Persönliche Bericht" hilft bei der Interpretation der LSA-Profil-Grafiken, er zeigt Präferenzen, Flexibilitäten, Nicht-Präferenzen (dieser ungewöhnliche Begriff gibt am besten wieder, was gemeint ist) und Unstimmigkeiten im Lernstil des Probanden. Der Bericht ist leicht verständlich abgefasst. Für tiefer gehende Erklärungen, auch zur Anwendung in der Klasse, steht das LSA-Interpretationshandbuch zur Verfügung. Bezug über unsere Website: www.creativelearningcentre.com

LehrerInnen haben üblicherweise nicht die Zeit, die LSA-Profile allen ihren SchülerInnen einzeln zu erklären. Daher stehen zusätzlich Gruppenprofile kostenlos zur Verfügung, für die dieselben Interpretationsregeln gelten wie für Einzelprofile.

Es ist wichtig, jedes einzelne Element im Profil eines Probanden zu verstehen. Doch noch viel wichtiger ist es, die Stilkombinationen zu erfassen. Sie vermitteln uns das Verständnis für das Verhalten der SchülerInnen, ihr Lernpotenzial, ihre Lernschwierigkeiten und ihren Erfolg.

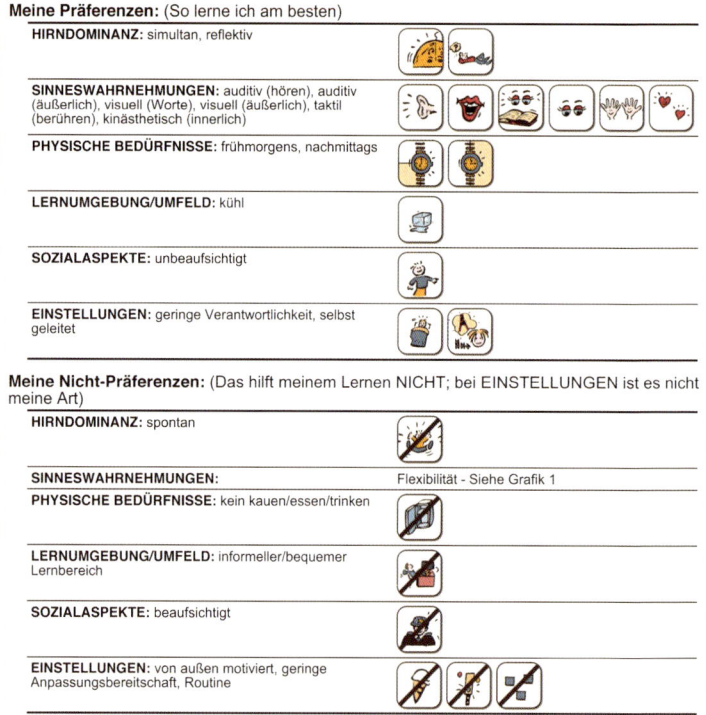

 LSA-Erwachsener   Maria Tesser

Profilzusammenfassung

Maria, wenn Ihre individuellen Präferenzen in Ihrem akademischen und häuslichen Umfeld realisiert werden können, dann verwandeln sie sich in Ihre Stärken und wirken sich vorteilhaft auf Ihre akademischen Leistungen aus. Wenn hingegen Ihre Nicht-Präferenzen über längere Zeit hinweg für Ihren Lernstil bestimmend sind, dann werden Ihre Präferenzen zu Schwächen. Dies kann zu Konzentrationsproblemen führen, zu Motivationseinbrüchen und Lernschwierigkeiten. Die Berücksichtigung Ihres Lernstils führt zu echtem Lernerfolg!

Die wichtigsten Elemente meines Lernstils, wenn es darum geht, etwas NEUES und/oder SCHWIERIGES zu lernen:

Meine Präferenzen: (So lerne ich am besten)

HIRNDOMINANZ: simultan, reflektiv	
SINNESWAHRNEHMUNGEN: auditiv (hören), auditiv (äußerlich), visuell (Worte), visuell (äußerlich), taktil (berühren), kinästhetisch (innerlich)	
PHYSISCHE BEDÜRFNISSE: frühmorgens, nachmittags	
LERNUMGEBUNG/UMFELD: kühl	
SOZIALASPEKTE: unbeaufsichtigt	
EINSTELLUNGEN: geringe Verantwortlichkeit, selbst geleitet	

Meine Nicht-Präferenzen: (Das hilft meinem Lernen NICHT; bei EINSTELLUNGEN ist es nicht meine Art)

HIRNDOMINANZ: spontan	
SINNESWAHRNEHMUNGEN:	Flexibilität - Siehe Grafik 1
PHYSISCHE BEDÜRFNISSE: kein kauen/essen/trinken	
LERNUMGEBUNG/UMFELD: informeller/bequemer Lernbereich	
SOZIALASPEKTE: beaufsichtigt	
EINSTELLUNGEN: von außen motiviert, geringe Anpassungsbereitschaft, Routine	

Die LSA-Zusammenfassung dient dazu, sich einen raschen Überblick über alle Präferenzen und Nicht-Präferenzen eines Probanden zu verschaffen. Sie liefert eine Beschreibung der wichtigen Umstände, die der betreffenden Person das Lernen erleichtern. Außerdem werden die Störfaktoren angeführt, die bei der Konzentration auf neuen, schwierigen Stoff nach Möglichkeit ausgeschaltet werden sollen. Flexibilitäten sind in dieser Zusammenfassung nicht enthalten.

Die Einleitung zu dieser Seite erklärt den Unterschied zwischen Präferenzen (das sind die förderlichen Umstände, unter denen ein Proband am besten lernt) und Nicht-Präferenzen (das sind die Störfaktoren, die die Konzentration auf neuen, schwierigen Stoff erschweren). Im Anschluss an diese Erklärung wird den SchülerInnen geraten, auf ihre jeweils individuelle Weise zu lernen – in der Schule, zu Hause und später im Leben – und diese Ergebnisse mit ihren LehrerInnen und Eltern zu besprechen.

In der Zusammenfassung der LSA-Schülerversion wird ein Überblick über alle Elemente des LS-Modells gegeben. Dieser Überblick ist nach Punkten gegliedert und mit Piktogrammen und einfachen Erklärungen versehen. Die Präferenzen und Nicht-Präferenzen auf den folgenden sechs Gebieten werden so anschaulich erläutert:

Hemisphärendominanz (Denkstil)

Sinneswahrnehmungen

Physische Bedürfnisse (inklusive Biorhythmus)

Umgebung (Lernumgebung in der Klasse und zu Hause)

Soziale Aspekte (mit wem ein Schüler/eine Schülerin am besten lernt)

Einstellungen zum Lernen

Gebiete, die durch Flexibilität gekennzeichnet sind, werden in der Zusammenfassung nicht aufgelistet. Sie finden sich in den drei Grafiken am Ende des LSA-Dokuments, im Anschluss an den „Persönlichen Bericht".

Unstimmigkeiten sind im LSA-Profil durch Fragezeichen gekennzeichnet, sie sind in der Zusammenfassung ebenfalls nicht enthalten. Denn die Zusammenfassung soll vor allem die Stärken des Probanden identifizieren und einen Weg zu schulischem Erfolg finden.

Die Resultate der Zusammenfassung können für ganz junge SchülerInnen auch für spielerische Übungen verwendet werden. Die Kinder könnten z. B. in der LSA-Pyramide auf dem Deckblatt alle ihre Präferenzen farbig anmalen und ihre Nicht-Präferenzen mit einem Kreuz ausstreichen. Das ermöglicht eine taktile/visuelle Aktivität zum „eigenen Lernstil".

LSA-Senior: Lehrerversion   Moritz Sampler

Grafik 1: Biologische Elemente

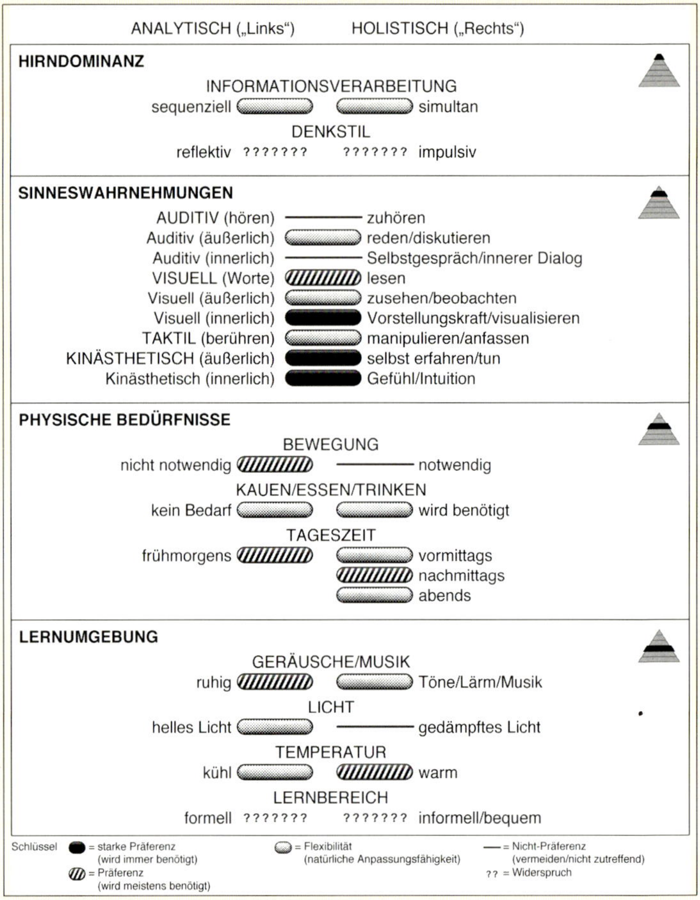

ANALYTISCH („Links")   HOLISTISCH („Rechts")

HIRNDOMINANZ

INFORMATIONSVERARBEITUNG
sequenziell ⬭ ⬭ simultan

DENKSTIL
reflektiv ??????? ??????? impulsiv

SINNESWAHRNEHMUNGEN

AUDITIV (hören) ———— zuhören
Auditiv (äußerlich) ⬭ reden/diskutieren
Auditiv (innerlich) ———— Selbstgespräch/innerer Dialog
VISUELL (Worte) ▨▨▨ lesen
Visuell (äußerlich) ⬭ zusehen/beobachten
Visuell (innerlich) ⬛ Vorstellungskraft/visualisieren
TAKTIL (berühren) ⬭ manipulieren/anfassen
KINÄSTHETISCH (äußerlich) ⬛ selbst erfahren/tun
Kinästhetisch (innerlich) ⬛ Gefühl/Intuition

PHYSISCHE BEDÜRFNISSE

BEWEGUNG
nicht notwendig ▨▨▨ ———— notwendig

KAUEN/ESSEN/TRINKEN
kein Bedarf ⬭ ⬭ wird benötigt

TAGESZEIT
frühmorgens ▨▨▨ ⬭ vormittags
▨▨▨ nachmittags
⬭ abends

LERNUMGEBUNG

GERÄUSCHE/MUSIK
ruhig ▨▨▨ ⬭ Töne/Lärm/Musik

LICHT
helles Licht ⬭ ———— gedämpftes Licht

TEMPERATUR
kühl ⬭ ▨▨▨ warm

LERNBEREICH
formell ??????? ??????? informell/bequem

Schlüssel ⬛ = starke Präferenz ⬭ = Flexibilität —— = Nicht-Präferenz
(wird immer benötigt) (natürliche Anpassungsfähigkeit) (vermeiden/nicht zutreffend)
▨▨ = Präferenz ?? = Widerspruch
(wird meistens benötigt)

Die obersten vier Schichten der LSA-Pyramide stellen die biologischen Bedürfnisse dar. Diese sind beim Aufbau von Konzentration, beim Lesen von schwierigeren Texten, bei Hausaufgaben oder bei der Aneignung von neuem und/oder schwierigem Lernstoff aktiv. Sie bestehen aus folgenden Stilelementen:

1. Dominanz der linken oder rechten Hirnhemisphäre:
Hier werden Strategien zur analytischen oder holistischen Informationsverarbeitung sichtbar, ebenso reflektierender oder impulsiver Denkstil und generell analytische oder holistisch/globale Tendenzen des Lernstils.

2. Sinneswahrnehmungen:
Unterschieden wird zwischen auditiven Präferenzen (Hören, Sprechen, innerem Dialog), visuellen (Lesen, Sehen/Beobachten, Visualisieren), taktilen (Manipulieren, Berühren) und kinästhetischen Präferenzen (Tun, Fühlen).

3. Physische Bedürfnisse:
Hierher gehören Präferenzen für Bewegung (notwendig oder nicht notwendig), für Nahrungsaufnahme und Mundstimulation (Bedürfnis nach Essen, Knabbern, Trinken, Kauen) und für bestimmte Tageszeiten (individueller Biorhythmus).

4. Lernumgebung:
Dazu zählen Präferenzen für Geräuschkulisse oder Stille, gedämpftes oder helles Licht, warme oder kühle Raumtemperatur und formelle oder informelle (legere) Lernumgebung.

Diese Präferenzen und Nicht-Präferenzen wachsen sozusagen von Kindheit an mit, sind gewöhnlich schwer zu beeinflussen und bleiben zeitlebens erhalten. Werden sie langfristig vernachlässigt, wirken sie sich negativ auf Motivation, Ausdauer und Verantwortungsgefühl für schulbezogene Aufgaben aus. Damit sich dauerhafter Erfolg in der Schule einstellt, ist es unerlässlich, dass (gerade) die biologischen Bedürfnisse weitgehend erfüllt werden. Dies stärkt die SchülerInnen und trägt maßgeblich dazu bei, dass sie eine positive Einstellung zum Lernen entwickeln.

LSA-Senior: Lehrerversion

Moritz Sampler

Grafik 2: Konditionierte/erlernte Elemente

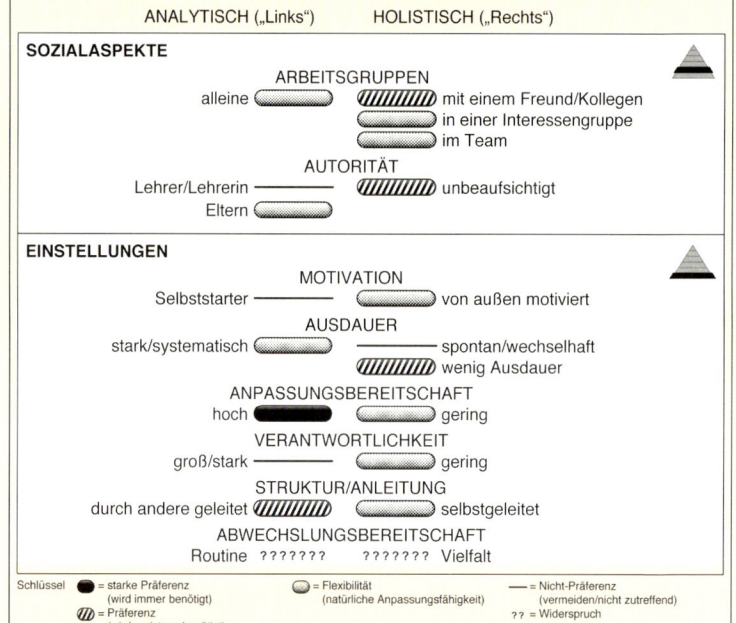

ANALYTISCH („Links")   HOLISTISCH („Rechts")

SOZIALASPEKTE

ARBEITSGRUPPEN
alleine — mit einem Freund/Kollegen
in einer Interessengruppe
im Team

AUTORITÄT
Lehrer/Lehrerin ——— unbeaufsichtigt
Eltern

EINSTELLUNGEN

MOTIVATION
Selbststarter ——— von außen motiviert

AUSDAUER
stark/systematisch ——— spontan/wechselhaft
wenig Ausdauer

ANPASSUNGSBEREITSCHAFT
hoch — gering

VERANTWORTLICHKEIT
groß/stark — gering

STRUKTUR/ANLEITUNG
durch andere geleitet — selbstgeleitet

ABWECHSLUNGSBEREITSCHAFT
Routine ?????? ?????? Vielfalt

Schlüssel ● = starke Präferenz   ◯ = Flexibilität   —— = Nicht-Präferenz
(wird immer benötigt)   (natürliche Anpassungsfähigkeit)   (vermeiden/nicht zutreffend)
▨ = Präferenz   ?? = Widerspruch
(wird meistens benötigt)

UNTERSCHIEDE ZWISCHEN BIOLOGISCHEN UND GELERNTEN ELEMENTEN:
Die Ergebnisse in Grafik 1 zeigen Moritz' biologische Bedürfnisse, wenn er sich konzentriert, einen Lerntext liest oder etwas Neues und Schwieriges lernt. Präferenzen und Nicht-Präferenzen in diesen Bereichen sind nur schwer zu verändern und bleiben meist ein Leben lang unverändert. Wenn sie über einen längeren Zeitraum unbeachtet bleiben, können sie die Lernmotivation, Ausdauer und das Verantwortungsbewusstsein negativ beeinflussen. Damit der Lernerfolg des Schülers anhält, sorgen Sie dafür, dass seine starken Präferenzen mehrheitlich berücksichtigt werden.
Die Ergebnisse in Grafik 2 stellen seinen momentanen Zustand dar, zeigen, mit wem er am besten lernt und wie seine Einstellung zu neuen und schwierigen Lerninhalten aussieht. Hierbei handelt es sich nicht um festgesetzte Elemente im Profil einer Person; sie können sich nämlich rasch ändern. Dies geschieht für gewöhnlich, wenn bei der betreffenden Person oder in ihrem Umfeld Änderungen stattfinden. Um in der Schule erfolgreich zu sein, benötigt Moritz positive Einstellungen und muss versuchen, immer sein bestes zu geben, denn seine Präferenzen werden zu seinen Stärken, wenn er diese klug einsetzt.

Die restlichen zwei Schichten der LSA-Pyramide umfassen die erworbenen oder konditionierten Stilmerkmale. Diese werden besonders dann relevant, wenn der junge Mensch mit Regeln und Vorschriften in der Schule und zu Hause zurande kommen soll. Wenn es darum geht, mit MitschülerInnen zusammenzuarbeiten, Hausaufgaben zu erledigen oder etwas Neues und/oder Schwieriges zu lernen. Es handelt sich dabei um folgende Elemente:

5. Soziale Gruppenbildungen:

Hier wird gefragt, ob der junge Mensch lieber allein arbeitet oder mit einem Partner/einer Partnerin oder einem Mitschüler/einer Mitschülerin, in einer Gruppe Gleichberechtigter oder in einem Team sowie mit oder ohne Autoritätsfigur (LehrerIn, Elternteil oder andere/r Erwachsene/r).

6. Einstellungen:

Dabei werden folgende Punkte hinterfragt: die Motivation (interne – externe Motivation zum Lernen), die Ausdauer (groß – fluktuierend – gering), die Angepasstheit (angepasst – unangepasst/rebellisch), das Verantwortungsgefühl (groß – gering), das Bedürfnis nach Struktur (selbstständig – fremdbestimmt) und nach Abwechslung (Verlangen nach Routine – Verlangen nach Abwechslung und Vielfalt).

Diese Resultate erlauben Rückschlüsse auf die Konditionierung der Einstellungen zum Lernen und auf „das System" insgesamt. Sie zeigen zudem, in welchem sozialen Setting der Schüler/die Schülerin am besten lernt. Diese Elemente sind jedoch nicht stabil, sie ändern sich mehrmals im Lauf des Lebens und innerhalb kürzester Zeit. Oft hängen sie von den Umständen oder manchmal sogar von bloßen Stimmungen ab. Wenn im Denken eines jungen Menschen gerade ein Umbruch stattfindet oder im Umfeld tief greifende Umwälzungen passieren (familiäre Turbulenzen, ein Umzug, Familienzuwachs oder ein Todesfall, Stress, Vernachlässigung oder Misshandlung), dann überwiegen die Fragezeichen. Sie zeigen oft ganz einfach, dass der junge Mensch unter Druck steht. Solange diese Probleme andauern, wird er oder sie Schwierigkeiten in der Schule haben, besonders bei Arbeiten, die Konzentration erfordern. In einer derartigen Situation ist es für das Wohlbefinden des jungen Menschen besonders wichtig, dass ihn LehrerInnen und andere Vertrauenspersonen unterstützen.

Kapitel 2: LSA-Profilinterpretationen

Informationen in den LSA-Berichten sind sehr detailliert. Sie erklären nicht nur generelle Lernstiltendenzen, sondern geben auch einen tiefen Einblick in die Lernstilkombinationen von einzelnen SchülerInnen. LehrerInnen und Eltern müssen deren Präferenzen und Flexibilitäten kennen und – noch wichtiger – deren Nicht-Präferenzen, die häufig zu „Lernkillern" werden können.

LSA-Profil: LernStil-(LS-)Tendenzen

 ## LSA-Junior: Elternversion
Marion Maier

Grafik 3: LernStil Tendenzen

Vergleichen Sie diese mit der Links/Rechts Hirndominanz in Grafik 1

ANALYTISCH („Links")		HOLISTISCH („Rechts")
ruhig		Töne/Lärm/Musik
helles Licht		gedämpftes Licht
formeller Lernbereich		bequemer Lernbereich
hohe Ausdauer		wenig Ausdauer
kein Kauen/Essen/Trinken		Kauen/Essen/Trinken nötig

Bitte schauen Sie sich die folgenden Beschreibungen an: Stille bevorzugen, helles Licht, formelle Lernumgebung, hohe Ausdauer (beim Abschließen von Aufgaben ohne Unterbrechung) und geringes Bedürfnis nach Nahrungsaufnahme. Treffen drei oder mehr davon zu, wird der ANALYTISCHE (sequzielle) Lernstil vorgeschlagen. Bevorzugen Sie allerdings Geräusche, gedämpftes Licht, informelle Lernumgebung, verfügen über geringe Ausdauer (Aufgaben in Schüben abschließen sowie an Multitasks simultan arbeiten) und haben ein Bedürfnis, Nahrung zu sich zu nehmen, wird der GLOBALE/HOLISTISCHE (simultan bzw. alles zur gleichen Zeit) Lernstil empfohlen (Bruno, 1988; Dunn, Cavanaugh, Eberle, und Zenhausern, 1982).

Je mehr **Fragezeichen** in einem persönlichen Profil sichtbar sind, desto wahrscheinlicher ist es, dass dieser Student:
a) unter Stress steht,
b) derzeit eine Phase der Verwirrung durchläuft oder sich in diesen Bereichen verändert,
d) Leseprobleme hat oder verwirrt war über den Fragebogen (tritt sehr selten auf)

Dies alles kann zu Verhaltensproblemen, Motivationsverlust, Lernschwierigkeiten, reduzierten Schulleistungen und schließlich zum Ausscheiden aus dem formalen Schulsystem führen. Es ist wichtig, dass Lehrer mit ihren SchülerInnen und Eltern mit ihren Kindern über diese Bereiche aus ihrem LSA-Profil sprechen und versuchen, die Gründe für diese Widersprüchlichkeiten herauszufinden.

Links-Rechts-Hirndominanz

 ## LSA-Junior: Elternversion
Marion Maier

Grafik 1: Biologische Elemente

ANALYTISCH („Links")		HOLISTISCH („Rechts")
HIRNDOMINANZ		
INFORMATIONSVERARBEITUNG		
sequenziell		simultan
DENKSTIL		
reflektiv		impulsiv

Grafik 3 ermöglicht wertvolle Rückschlüsse auf generelle LernStil-Tendenzen. LehrerInnen und Eltern verstehen aufgrund dieser Information, wie Kinder (und auch Erwachsene) an Lern- und Problemlösungssituationen herangehen. Neigt der/die Lernende eher zu einer logischen, detailbetonten Vorgangsweise oder gibt er/sie dem Gefühl Vorrang – unter Missachtung der Logik und einer strikten Reihenfolge? Beide Vorgangsweisen sind gleich wertvoll, aber in der traditionellen Erziehung wird der analytisch Lernende bevorzugt. Diejenigen, die anders „ticken", haben fast immer mit Problemen zu kämpfen und werden oft als Versager abgestempelt. Dabei entsprechen sie bloß nicht einer postulierten Norm.

Forschungen haben folgende Zuordnungen belegt: Auf einen analytischen (oder sequenziellen, reflektiven, linksdominanten) Lernstil weisen hin (drei oder mehr Präferenzen): Ruhe, helles Licht, Ausdauer, formelle Lernumgebung und kein Verlangen nach Nahrungsaufnahme. Umgekehrt deuten Präferenzen für Geräuschkulisse, gedämpftes Licht, informelle Lernumgebung, geringe Ausdauer und Verlangen nach Nahrungsaufnahme auf einen holistischen (oder simultanen, impulsiven, rechtsdominanten) Lernstil hin. SchülerInnen, deren Denkstil insgesamt stärker von der rechten Hemisphäre bestimmt wird, haben oft Lernprobleme, da diese Rechtsdominanz fast zwangsläufig zu Konflikten mit traditionellen analytischen Unterrichtsmethoden führt.

Durch diese Informationen können LehrerInnen und Eltern nachvollziehen, wie Kinder und Erwachsene Lernsituationen bewältigen und Probleme lösen: entweder auf logische, detaillierte Art oder auf eine mehr gefühlsbetonte Weise, in der Logik und Reihenfolge nicht beachtet werden. Es ist wichtig, dass LehrerInnen beide Stile in ihren Unterrichtsstrategien berücksichtigen, damit nicht eine Gruppe auf Kosten der anderen bevorzugt wird.

Präferenzen in beiden Hemisphären bedeuten, dass die betreffende Person fähig ist, beide Hemisphären nach Belieben gleich stark einzusetzen. Flexibilitäten innerhalb dieser zwei Kategorien sind ein Hinweis darauf, dass es für die betreffende Person einfach ist, zwischen verschiedenen Denkmodi hin- und herzuschalten – was ein großer Vorteil ist.

2

Analytische LS-Präferenzen

Alle Grafiken der LSA-Profile sind vom Layout her so gestaltet, dass Korrelationen zwischen individuellen Stilelementen und einem analytischen oder holistischen Lernstil deutlich werden.

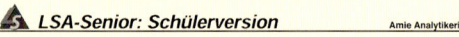

LSA-Senior: Schülerversion   Amie Analytikerin

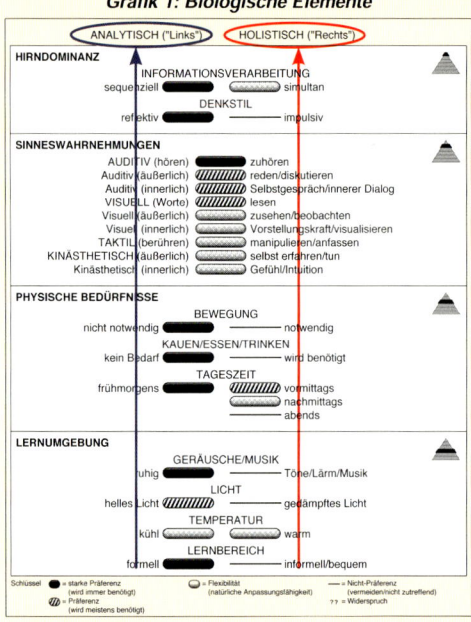

Grafik 1: Biologische Elemente

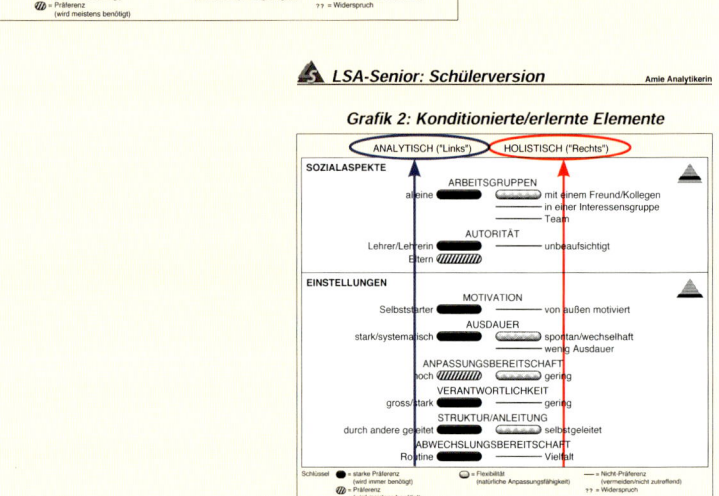

LSA-Senior: Schülerversion   Amie Analytikerin

Grafik 2: Konditionierte/erlernte Elemente

Der Lernstil eines jeden Individuums stellt eine einzigartige und hochkomplexe Mischung von Stilelementen dar. Ungeachtet dieser Tatsache überwiegt bei den meisten die eine oder andere Hemisphäre; nur eine verhältnismäßig kleine Minderheit ist sehr flexibel.

Präferenzen (kombiniert mit Flexibilitäten) auf der linken Seite der bipolaren Elemente in Grafik 1 und 2 sind ein Hinweis auf einen insgesamt analytischen Lernstil. Traditionelle Erziehungseinrichtungen wenden noch immer Frontalunterricht mit Lehrervortrag, Arbeitsblättern und Schulbüchern an und stützen sich in erster Linie auf Lesen, Diskussion und Arbeit am Computer. Analytisch denkende SchülerInnen können mit Details, reflektierendem Denken und Schritt-für-Schritt-Logik arbeiten und allein lernen. Daher haben sie einen unbestreitbaren Vorteil und sind gewöhnlich in der Schule erfolgreich. Weitere Analysen zeigen, dass die betreffenden Personen üblicherweise auch in Bezug auf ihre physischen Bedürfnisse und die bevorzugte Lernumgebung traditionelle Stilelemente aufweisen (ruhig, formell, helles Licht). Zudem entwickeln sie Einstellungen (in Form von Ausdauer, Verantwortungsgefühl, hoher Lernmotivation mit dem Bedürfnis nach Anleitung durch Autorität, Routinetoleranz und Regelkonformität), die sie zu exzellenten Leistungen befähigen.

Selbst auf sensorischem Gebiet sind analytische SchülerInnen im Vorteil, da es auch hier eine Wechselbeziehung gibt. Zwar ist sie nicht so stark ausgeprägt wie bei anderen bipolaren Elementen, aber sie ist doch vorhanden. Präferenzen für „Auditiv (hören) – zuhören, diskutieren" und „Visuell (Worte) – lesen" begünstigen jedenfalls den Erfolg in der Schule. Diese Stilmerkmale stechen bei theoriebetonten Lernenden hervor, die oft um des Lernens willen lernen. Daran ist so lange nichts auszusetzen, als es nicht zur Maxime für jede Art des Lernens erhoben wird.

Holistische LS-Präferenzen

Grafik 1: Biologische Elemente

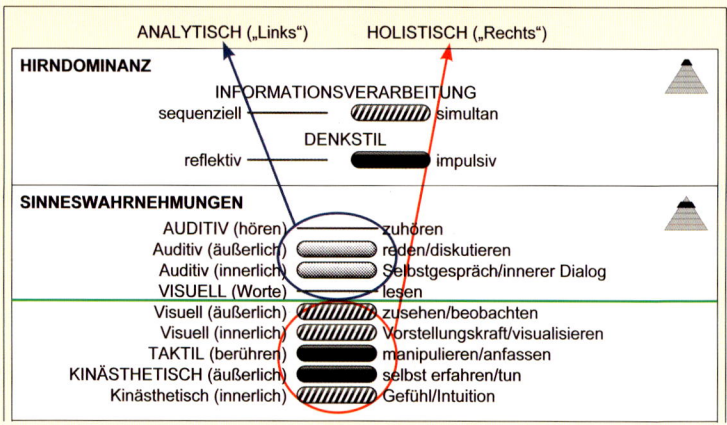

Interessanterweise verläuft die Grenze zwischen analytischen und holistischen Wechselbeziehungen in den Sinneswahrnehmungen mitten durch VISUELL: zwischen „Visuell (Worte) – lesen" und „Visuell (äußerlich) – zusehen/beobachten". Wenn ein Schüler/eine Schülerin keine Präferenzen oberhalb der grünen Linie und stattdessen starke Präferenzen unterhalb hat (besonders im kinästhetischen Bereich wie hier im Beispiel), dann ist mit Sicherheit mit schulischen Problemen zu rechnen. Einfach deshalb, weil traditioneller Unterricht diese nicht schuladäquaten Bedürfnisse ignoriert und dem Schüler/der Schülerin ausschließlich Zuhören, Lesen und Diskutieren nicht für erfolgreiches Lernen genügen. Das hat eine negative Einstellung zum Lernen zur Folge und mangelnde Bereitschaft, sich einzubringen.

Präferenzen (in Verbindung mit Flexibilitäten) auf der rechten Seite der bipolaren Elemente in den Grafiken 1 und 2 sind ein Hinweis auf einen insgesamt holistischen Lernstil, der in schulischen Belangen meist eher von Nachteil ist. Holistisch veranlagte SchülerInnen haben in traditionellen Erziehungseinrichtungen häufig Probleme mit Frontalunterricht, Arbeitsblättern und Schulbüchern, Leseaufgaben und Diskussionen. Diese SchülerInnen gehen nicht analytisch vor und langweilen sich aufgrund ihrer Spontaneität rasch, wenn sie zu einer reflektierenden, methodisch-logischen Arbeitsweise gezwungen werden. Daher sind sie oft typische schulische Problemfälle, wechseln wiederholt den Schultyp oder brechen ihre Schullaufbahn überhaupt ab.

Neben anderen holistischen Korrelationen finden sich bei diesen SchülerInnen oft weitere Stilelemente in Bezug auf ihre physischen Bedürfnisse und auf die Lernumgebung, die traditionellen Unterrichtsformen widersprechen. Sie zeigen häufig eine Präferenz für Hintergrundmusik, für eine informelle Umgebung mit gedämpftem Licht und eine Kombination von Einstellungen, die sie zu Nonkonformisten und Rebellen machen. Ihre Ausdauer schwankt, ihr Verantwortungsgefühl ist schwach ausgeprägt, ihre Lernmotivation fremdbestimmt und ihre Routinetoleranz gering. Sie lehnen Strukturierung ab, stehen oft im Gegensatz zu den Autoritäten, brauchen sozialen Kontakt beim Lernen und fügen sich Regeln und Vorschriften nur widerwillig. All dies sind Merkmale, die von LehrerInnen und vom Erziehungssystem insgesamt nicht gerade belohnt werden.

Auf sensorischem Gebiet sind holistisch veranlagte SchülerInnen besonders benachteiligt, da es auch hier eine Korrelation gibt. Zwar ist sie nicht so stark ausgeprägt wie bei anderen bipolaren Elementen, aber doch vorhanden: Nicht-Präferenzen für „Auditiv (hören) – zuhören, diskutieren" und „Visuell (Worte) – lesen" tragen jedenfalls zu schulischen Problemen bei. Zusätzlich erschwert wird die Situation einerseits durch ihre nicht schuladäquaten taktilen und kinästhetischen Lernbedürfnisse (praktisches, erfahrungsorientiertes Selbermachen). Andererseits gehen sie ihrem Bedürfnis nach Visualisierung in Form von Tagträumen nach, sobald sie beim Lernen Langeweile empfinden.

Flexible LSA-Profile

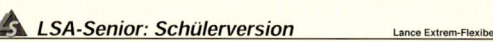

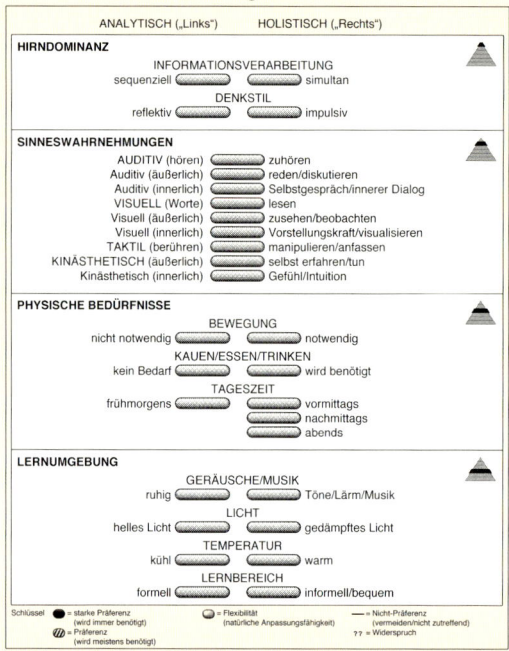

Grafik 1: Biologische Elemente

Wenn ein Schüler/eine Schülerin nur Flexibilitäten oder Anpassungsfähigkeiten, aber keine Präferenzen hat, dann sieht die Profilzusammenfassung völlig anders aus. Das Profil weist zwar keine Hauptelemente auf, aber es ist dennoch gültig und ein Beweis, dass der Schüler/die Schülerin sehr flexibel ist.

Hauptelemente meines Lernstils,
wenn ich etwas NEUES und/oder SCHWIERIGES lernen muss:

Meine Präferenzen: (So lerne ich am besten)

HIRNDOMINANZ: Flexibilität - Siehe Grafik 1
SINNESWAHRNEHMUNGEN: Flexibilität - Siehe Grafik 1
PHYSISCHE BEDÜRFNISSE: Flexibilität - Siehe Grafik 1
LERNUMGEBUNG: Flexibilität - Siehe Grafik 1
SOZIALASPEKTE: Flexibilität + ????? - Siehe Grafik 2
EINSTELLUNGEN: Flexibilität - Siehe Grafik 2

Meine Nicht-Präferenzen: (Das hilft meinem Lernen NICHT; bei EINSTELLUNGEN ist es nicht meine Art)

HIRNDOMINANZ: Flexibilität - Siehe Grafik 1
SINNESWAHRNEHMUNGEN: Flexibilität - Siehe Grafik 1
PHYSISCHE BEDÜRFNISSE: Flexibilität - Siehe Grafik 1
LERNUMGEBUNG: Flexibilität - Siehe Grafik 1
SOZIALASPEKTE: Flexibilität + ????? - Siehe Grafik 2
EINSTELLUNGEN: Flexibilität - Siehe Grafik 2

Flexibilität in einem Profil bedeutet: Die betreffende Person kann sich in diesem Element an die jeweils gegebene Situation anpassen und ihren Stil – den Erfordernissen entsprechend – modifizieren. Das ist auf manchen Gebieten ein großer Vorteil, z. B. in Bezug auf physische Bedürfnisse, Umgebung und soziales Setting; auf anderen Gebieten kann es sich auch nachteilig auswirken.

Flexibilitäten sind unstabile Elemente im Profil, sie sind in der Zusammenfassung nicht enthalten. Im Lauf der Zeit ändern sie sich immer wieder, besonders auf sensorischem Gebiet. Bei entsprechendem Interesse werden sie zu Präferenzen oder, wenn das Interesse schwindet, zu Nicht-Präferenzen. Unsere Forschungen haben gezeigt, dass die Anzahl der Flexibilitäten in einem Profil direkt proportional ist zu den Schwankungen in den schulischen Leistungen der betreffenden SchülerInnen. Solange sie der Stoff interessiert und sie somit zum Lernen motiviert sind, sind die Leistungen gut. Nimmt das Interesse jedoch ab, dann klinken sie sich einfach aus. Unter Umständen tun sie sogar so, als verstünden sie gar nicht, worum es geht, um sich nicht einbringen zu müssen. Dies ist bei MinderleisterInnen („Underachievern") häufig der Fall und gibt LehrerInnen immer wieder Rätsel auf. Wenn Sie die LS-Kombinationen durchschaut haben, werden Sie solchen SchülerInnen viel gezielter Hilfestellung bieten und deren tatsächliches Lernpotenzial aktivieren können.

Flexibilität auf dem Gebiet der Hemisphärendominanz bedeutet: Die betreffende Person kann bei der Beantwortung von Fragen oder der Lösung von Problemen entweder prompt und spontan entscheiden und/oder reflektierend und in aller Ruhe vorgehen. Flexibel Denkende haben den Vorteil, dass sie ihren Denkstil auf natürliche Weise an die gegebene Situation anpassen können. In Anbetracht der Komplexität des heutigen Lebens in der Familie und in der Schule ist ein hochgradig flexibler Denkstil überaus wünschenswert. Für SchülerInnen ist es weder in der Schule noch in ihrem späteren Leben optimal, stark holistisch oder strikt analytisch zu denken, überwiegend reflektierend oder monoton immer spontan zu entscheiden.

Kapitel 3: Verwendung von LS in großen Gruppen

Große Klassenschülerzahlen machen es für LehrerInnen nahezu unmöglich, mit einzelnen SchülerInnen zu arbeiten. Mithilfe von LSA-Gruppenprofilen ist es möglich, SchülerInnen mit ähnlichen Lernbedürfnissen in Untergruppen einzuteilen. Dabei werden nicht zusammenpassende Stile vermieden und die Toleranz wird erhöht. PädagogInnen erhalten auch äußerst wichtige Einsichten in Hirndominanz und Denkstil.

LSA-Gruppenresultate – Präferenzen

 LSA-Senior   Testgruppe

prepared for: CLS 11/06/2008	Testgruppe Prashnig Barbara Totale Anzahl in der Gruppe = 13

Gruppen Prozentzahlen I (Präferenzen)

Die Grafik zeigt die Prozentzahl von Schülern mit Präferenzen in den folgenden Bereichen:

INFO VERARBEITUNG	sequenziell 15	31	simultan
DENKSTIL	reflektiv 23	31	impulsiv
SINNESWAHRNEHMUNGEN	AUDITIV (hören)	31	zuhören
	Auditiv (äußerlich)	46	reden/diskutieren
	Auditiv (innerlich)	38	Selbstgespräche
	VISUELL (Worte)	31	lesen
	Visuell (äußerlich)	69	zusehen/beobachten
	Visuell (innerlich)	46	Vorstellungskraft
	TAKTIL (berühren)	69	manipulieren/anfassen
	KINÄSTHETISCH (äußerlich)	62	selbst erfahren/tun
	Kinästhetisch (innerlich)	54	Gefühl/Intuition
BEWEGUNG	nicht notwendig 15	8	notwendig
KAUEN/ESSEN	kein Bedarf 23	23	wird benötigt
TAGESZEIT	frühmorgens 31	23	vormittags
		8	nachmittags
		46	abends
GERÄUSCHE/MUSIK	ruhig 62	15	Töne/Lärm/Musik
LICHT	helles Licht 31	8	gedämpftes Licht
TEMPERATUR	kühl 23	15	warm
LERNBEREICH	formell 31	8	informell/bequem
ARBEITSGRUPPEN	alleine 31	31	mit einem Freund
		15	Interessensgruppe
		15	im Team
AUTORITÄT	Lehrer/Lehrerin 31	8	unbeaufsichtigt
	Eltern 31		
MOTIVATION	Selbststarter 46	8	von außen motiviert
AUSDAUER	systematisch 31	15	spontan/wechselhaft
		23	wenig Ausdauer
ANPASSUNGSBEREITSCHFT	hoch 23	46	gering
VERANTWORTLICHKT	groß/stark 23	15	gering
STRUKTUR	durch andere geleitet 31	38	selbstgeleitet
ABWECHSLUNG	Routine 23	15	Vielfalt
LERNSTIL TENDENZEN	analytisch 31	8	holistisch/global

Schlüssel ▬▬ = Präferenzen

Der Schlüssel zu einer erfolgreichen Anwendung von LS in der Klasse sieht ganz einfach so aus: Überprüfen Sie die Profile auf extreme Resultate (starke Präferenzen und Nicht-Präferenzen). Bilden Sie aus den SchülerInnen mit ähnlich gelagerten Bedürfnissen Untergruppen und wenden Sie dann im Unterricht alle Strategien Ihres Repertoires an, die dieser Bedürfnislage entsprechen. Das heißt, LehrerInnen müssen nicht auf die genaue Bedürfnislage eines jeden Einzelnen eingehen. Aber jeder Schritt in Richtung Abstimmung des Unterrichtsstils auf die tatsächlich vorhandenen Lernstile wird dem Lernprozess zugutekommen. Besonders dann, wenn es um das Erlernen von neuem und schwierigem Stoff geht.

Grafik 1 zeigt die Prozentzahlen von SchülerInnen mit Präferenzen und starken Präferenzen. Die Angaben wurden aufgrund der individuellen LSA-Profile erstellt.

3

Für ein solches Gruppenprofil müssen die Resultate von mindestens fünf individuellen LSA-Profilen auf dem Webkonto des Lehrers/der Lehrerin gespeichert sein. In diesem Fall kann eine beliebige Anzahl von Gruppenprofilen kostenfrei erstellt werden: Anklicken der Namen der SchülerInnen im Abschnitt „Meine Profile", Benennung der Gruppe, Drücken des „Weiter"-Buttons.

Bei den Präferenzen sind Resultate von über 60 % signifikant und müssen bei der Planung effektiver Unterrichtsstrategien bedacht werden. Diese Lernbedürfnisse müssen nach Möglichkeit berücksichtigt werden.

Zum Beispiel: 85 % Ihrer SchülerInnen lernen am besten über Gefühl/Intuition, 75 % brauchen Autorität und 68 % Zeit, um zu visualisieren, was sie gehört oder sonst wie aufgenommen haben. Dann müssen Sie in Ihren Unterrichtsstrategien auf diese Bedürfnisse eingehen: Sie sorgen dafür, dass sich Ihre SchülerInnen schon beim Betreten der Klasse wohlfühlen. Sie präsentieren den Stoff in einer Weise, die ihn Ihren SchülerInnen begreiflich macht.

Es bedeutet auch, dass Sie Ihre Autorität auf eine positive Weise, ohne Drohungen ausüben müssen. Dadurch sollen negative Gefühle gar nicht erst aufkommen. Denn diese bringen die SchülerInnen mit den entsprechenden Präferenzen normalerweise dazu, sich aus dem Lerngeschehen auszuklinken.

LSA-Gruppenresultate – Nicht-Präferenzen

 LSA-Senior Testgruppe

prepared for:	Testgruppe
CLS	Prashnig Barbara
11/06/2008	Totale Anzahl in der Gruppe = 13

Gruppen Prozentzahlen II (Nicht-Präferenzen)

Die Grafik zeigt die Prozentzahl von Schülern mit Nicht-Präferenzen in den folgenden Bereichen:

INFO VERARBEITUNG	sequenziell	8 –	0	simultan
DENKSTIL	reflektiv	8 –	— 15	impulsiv
SINNESWAHRNEHMUNGEN		AUDITIV (hören)	— 31	zuhören
		Auditiv (äußerlich)	— 15	reden/diskutieren
		Auditiv (innerlich)	– 8	Selbstgespräche
		VISUELL (Worte)	— 15	lesen
		Visuell (äußerlich)	0	zusehen/beobachten
		Visuell (innerlich)	— 15	Vorstellungskraft
		TAKTIL (berühren)	– 8	manipulieren/anfassen
		KINÄSTHETISCH (äußerlich)	0	selbst erfahren/tun
		Kinästhetisch (innerlich)	0	Gefühl/Intuition
BEWEGUNG	nicht notwendig	23 —	— 23	notwendig
KAUEN/ESSEN	kein Bedarf	23 —	– 8	wird benötigt
TAGESZEIT	frühmorgens	23 —	— 15	vormittags
			— 31	nachmittags
			– 8	abends
GERÄUSCHE/MUSIK	ruhig	15 —	— 54	Töne/Lärm/Musik
LICHT	helles Licht	0	— 31	gedämpftes Licht
TEMPERATUR	kühl	15 —	– 8	warm
LERNBEREICH	formell	8 –	– 8	informell/bequem
ARBEITSGRUPPEN	alleine	8 –	– 8	mit einem Freund
			— 31	Interessensgruppe
			— 38	im Team
AUTORITÄT	Lehrer/Lehrerin	31 —	— 31	unbeaufsichtigt
	Eltern	0		
MOTIVATION	Selbststarter	8 –	— 38	von außen motiviert
AUSDAUER	systematisch	23 —	— 23	spontan/wechselhaft
			— 38	wenig Ausdauer
ANPASSUNGSBEREITSCHFT	hoch	23 —	0	gering
VERANTWORTLICHKT	groß/stark	15 —	— 23	gering
STRUKTUR	durch andere geleitet	15 —	— 15	selbstgeleitet
ABWECHSLUNG	Routine	8 –	— 15	Vielfalt
LERNSTIL TENDENZEN	analytisch	8 –	– 8	holistisch/global

Schlüssel —— = Nicht-Präferenzen

Diese Grafik zeigt die Prozentzahlen von SchülerInnen mit Nicht-Präferenzen. Diese Prozentzahlen wurden aufgrund der individuellen LSA-Profile der Gruppenmitglieder erstellt.

Hier sind Resultate **über 40 %** signifikant. Diese Elemente sollten möglichst vermieden werden.

Sehen Sie sich Gebiete mit hohen Resultaten (über 40 %) an und versuchen Sie, diese Strategien in Ihrem Unterricht nach Möglichkeit zu vermeiden. (Eine Ausnahme stellen die „Einstellungen" dar, wo hohe Resultate auch bedeuten können, dass diese Elemente im Fall dieser SchülerInnen nicht anwendbar sind.)

Zum Beispiel: Für 37 % Ihrer SchülerInnen ist Zuhören keine optimale Lernstrategie, 55 % können sich nur mit Mühe am Nachmittag konzentrieren und 43 % verkraften unbeaufsichtigtes Lernen nur schwer. Diese Strategien sollten also vermieden werden.

Eventuell können Sie in Ihrem Unterricht die Nicht-Präferenzen Ihrer SchülerInnen nicht vollinhaltlich berücksichtigen. Dann sollte zumindest sichergestellt werden, dass möglichst viele der anderen Lernpräferenzen zum Zug kommen.

Zur Beachtung: Nicht-Präferenzen werden umso eher zu Schwächen, je länger SchülerInnen beim Erlernen von neuem und/oder schwierigem Stoff mit ihnen umgehen müssen.

Das kann zur Frustration aller Beteiligten führen, jedenfalls aber zu Konzentrationsproblemen, geringer Motivation und schließlich zu massiven schulischen Problemen. Heutzutage gibt es zahlreiche SchülerInnen, die als „Problemfälle" bezeichnet werden, die geringe Leistungen erbringen oder „besondere Bedürfnisse" haben. Viele von ihnen könnten sehr gut lernen, wenn sie die Möglichkeit hätten, ihre Präferenzen einzusetzen, die ja ihre Stärken sind. Als Lehrer/Lehrerin muss man akzeptieren, dass SchülerInnen auf viele verschiedene Arten lernen. Eventuell erscheint uns die Art, in der sie lernen wollen, vom pädagogischen Standpunkt als nicht zielführend. Selbst in diesem Fall müssen wir ihre Individualität respektieren und sie auf jede möglich Weise unterstützen. Die Resultate werden sich schnell einstellen und tief greifend sein.

3

LSA-Gruppenresultate – Flexibilitäten

 LSA-Senior Testgruppe

prepared for: CLS 11/06/2008	Testgruppe Prashnig Barbara Totale Anzahl in der Gruppe = 13

Gruppen Prozentzahlen III (Flexibilitäten)

Die Grafik zeigt die Prozentzahl von Schülern mit Flexibilitäten in den folgenden Bereichen:

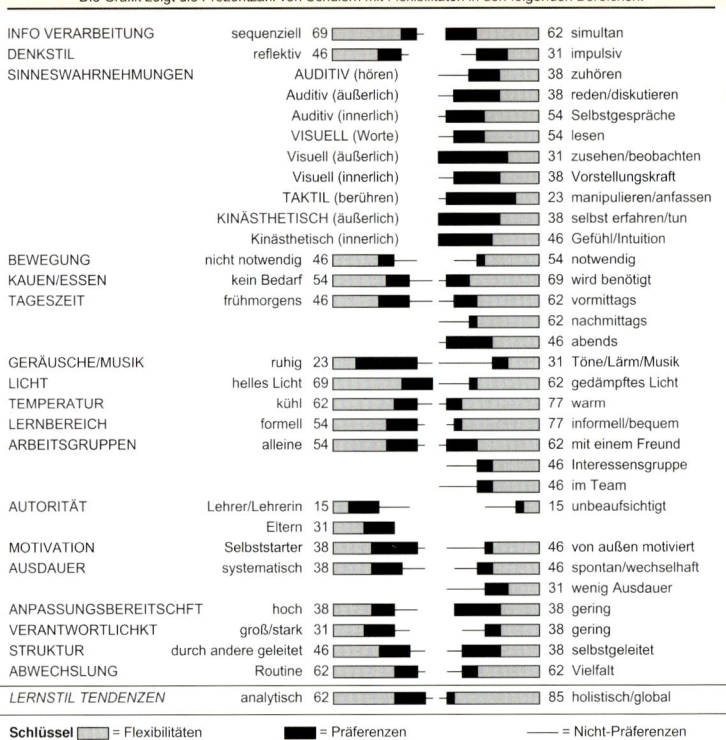

INFO VERARBEITUNG	sequenziell 69	62 simultan
DENKSTIL	reflektiv 46	31 impulsiv
SINNESWAHRNEHMUNGEN	AUDITIV (hören)	38 zuhören
	Auditiv (äußerlich)	38 reden/diskutieren
	Auditiv (innerlich)	54 Selbstgespräche
	VISUELL (Worte)	54 lesen
	Visuell (äußerlich)	31 zusehen/beobachten
	Visuell (innerlich)	38 Vorstellungskraft
	TAKTIL (berühren)	23 manipulieren/anfassen
	KINÄSTHETISCH (äußerlich)	38 selbst erfahren/tun
	Kinästhetisch (innerlich)	46 Gefühl/Intuition
BEWEGUNG	nicht notwendig 46	54 notwendig
KAUEN/ESSEN	kein Bedarf 54	69 wird benötigt
TAGESZEIT	frühmorgens 46	62 vormittags
		62 nachmittags
		46 abends
GERÄUSCHE/MUSIK	ruhig 23	31 Töne/Lärm/Musik
LICHT	helles Licht 69	62 gedämpftes Licht
TEMPERATUR	kühl 62	77 warm
LERNBEREICH	formell 54	77 informell/bequem
ARBEITSGRUPPEN	alleine 54	62 mit einem Freund
		46 Interessensgruppe
		46 im Team
AUTORITÄT	Lehrer/Lehrerin 15	15 unbeaufsichtigt
	Eltern 31	
MOTIVATION	Selbststarter 38	46 von außen motiviert
AUSDAUER	systematisch 38	46 spontan/wechselhaft
		31 wenig Ausdauer
ANPASSUNGSBEREITSCHFT	hoch 38	38 gering
VERANTWORTLICHKT	groß/stark 31	38 gering
STRUKTUR	durch andere geleitet 46	38 selbstgeleitet
ABWECHSLUNG	Routine 62	62 Vielfalt
LERNSTIL TENDENZEN	analytisch 62	85 holistisch/global

Schlüssel ▭ = Flexibilitäten ▬ = Präferenzen —— = Nicht-Präferenzen

Flexibilitäten sind ein besonders wichtiger Teil des Potenzials, das sich im LSA-Gesamtprofil von Lernenden zeigt. Flexibilitäten sind auf den meisten Gebieten ein großer Vorteil, jedoch nicht auf allen (vgl. S. 27).

Grafik 3 beinhaltet die Flexibilitäten in Form von Prozentzahlen. Um an die Resultate zu kommen, ist ein wenig Arithmetik angesagt:

1. Beginnen wir mit dem rechnerischen Teil: Addieren Sie die **Präferenzen** und **Flexibilitäten** jeweils desselben LSA-Elements (z. B. „Nahrungsaufnahme", „formelle Lernumgebung", „Geräuschkulisse" oder „Mobilität") von Grafik 1 und 3.

2. Achten Sie auf Ergebnisse von **über 80 %.** Diese **müssen** für die Mehrheit der SchülerInnen in dieser Gruppe als wichtig angesehen werden. LehrerInnen zeigen sich immer wieder überrascht, auf wie vielen Gebieten fast **alle** SchülerInnen ähnliche Bedürfnisse aufweisen. Gerade dieser Umstand macht individualisierten Gruppenunterricht möglich. Ohne LSA würden allerdings viele Lernbedürfnisse gar nicht wahrgenommen.

3. Benutzen Sie in Ihrem Unterricht entsprechende Methoden (z. B. taktile und kinästhetische Techniken, Musik, Bewegungsmöglichkeit der SchülerInnen während Arbeitsphasen, Verlegung von neuem/schwierigem Stoff in die bevorzugte Zeit).

4. Teilen Sie Ihre SchülerInnen aufgrund ihrer Resultate in Untergruppen ein. Ziehen Sie dazu die Gruppenresultate (siehe S. 34) heran. Dort ist das vollständige Profil aller SchülerInnen aufgelistet. Daraus ist für Sie ersichtlich, wer mit wem eine Gruppe bildet.

Sobald die SchülerInnen das Prinzip der Bildung von Untergruppen verstanden haben, führen sie den Vorgang selbst durch, besonders die älteren, die nicht mehr so stark auf eine Autoritätsperson bezogen sind.

Praktische Tipps

Detailliertere Interpretationen von Flexibilitäten finden Sie im LSA-Interpretationshandbuch, das auch online erhältlich ist unter:
www.creativelearningcentre.com

LSA-Gruppenprofile – Fragezeichen

 **LSA-Senior** Testgruppe

Gruppenergebnisse

Prashnig Barbara

Codenummer für die Gruppenmitglieder	1 2 3 4 5 6 7 8 9 10 11 12 13	
INFO VERARBEITUNG	sequenziell	sequenziell (analytisch)
	simultan	simultan (holistisch)
DENKSTIL	reflektiv	reflektiv
	impulsiv	impulsiv
SINNE	AUDITIV (hören)	zuhören
	Auditiv (äußerlich)	reden/diskutieren
	Auditiv (innerlich)	Selbstgespräche
	VISUELL (Worte)	lesen
	Visuell (äußerlich)	zusehen/beobachten
	Visuell (innerlich)	Vorstellungskraft
	TAKTIL (berühren)	manipulieren/anfassen
KINÄSTHETISCH (äußerlich)		selbst erfahren/tun
	Kinästhetisch (innerlich)	Gefühl/Intuition
BEWEGUNG	nicht notwendig	nicht notwendig
	notwendig	notwendig
KAUEN/ESSEN	kein Bedarf	kein Bedarf
	wird benötigt	wird benötigt
TAGESZEIT	frühmorgens	frühmorgens
	vormittags	vormittags
	nachmittags	nachmittags
	abends	abends
GERÄUSCHE/MUSIK	ruhig	ruhig
	Töne/Lärm/Musik	Töne/Lärm/Musik
LICHT	helles Licht	helles Licht
	gedämpftes Licht	gedämpftes Licht
TEMPERATUR	kühl	kühl
	warm	warm
LERNBEREICH	formell	formell
	informell/bequem	informell/bequem
ARBEITSGRUPPEN	alleine	alleine
	mit einem Freund	mit einem Freund
	Interessensgruppe	Interessensgruppe
	im Team	im Team
AUTORITÄT	Lehrer/Lehrerin	Lehrer/Lehrerin
	unbeaufsichtigt	unbeaufsichtigt
	Eltern	Eltern
MOTIVATION	Selbststarter	Selbststarter
	von außen motiviert	von außen motiviert
AUSDAUER	systematisch	systematisch
	spontan/wechselhaft	spontan/wechselhaft
	wenig Ausdauer	wenig Ausdauer
ANPASSUNGSBEREITSCHFT	hoch	hoch
	gering	gering
VERANTWORTLICHKT	groß/stark	groß/stark
	gering	gering
STRUKTUR	durch andere geleitet	durch andere geleitet
	selbstgeleitet	selbstgeleitet
ABWECHSLUNG	Routine	Routine
	Vielfalt	Vielfalt

Schlüssel ⬤ starke Präferenz ◍ Präferenz —— Nicht-Präferenz ◯ Flexibilität ?? Widerspruch

Auf dieser Seite sind vollständige LSA-Gruppenprofile zu sehen. Sie enthalten jedes einzelne Element jedes einzelnen Mitglieds der Schülergruppe. Die Namen werden zwecks Anonymisierung nicht genannt, finden sich aber unter „Gruppen-mitglieder" und korrelieren mit den Zahlenangaben (Codenummern) bei den Gruppenergebnissen oben.

Beachten Sie bitte:

Je mehr **Fragezeichen** ein persönliches Profil enthält, umso wahrscheinlicher ist Folgendes: Der betreffende Schüler/Die betreffende Schülerin

- steht unter Stress,
- ist zurzeit stark verunsichert,
- macht zurzeit tief greifende Veränderungen auf diesem Gebiet durch oder
- hatte Probleme beim Lesen oder Ausfüllen des Fragebogens (was extrem selten der Fall ist).

Fragezeichen weisen in der Regel auf Problemfelder hin (die sehr häufig mit familiären Problemen oder traumatischen Erlebnissen des jungen Menschen zusammenhängen). Daher stellen sie verlässliche Indikatoren für den Stress dar, dem der Schüler/die Schülerin ausgesetzt ist.

Das führt u. U. zu Verhaltensauffälligkeit, Motivationsschwund, schulischen Problemen, geringen Leistungen, Verzweiflung und oft letztlich zum Schulabbruch. Es ist daher äußerst wichtig, dass LehrerInnen im Gespräch diese Gebiete in den LSA-Profilen thematisieren und versuchen, die Gründe für diese Unstimmigkeiten herauszufinden. An den Fragezeichen-Gebieten kann auch die schulpsychologische Arbeit sehr gut ansetzen.

Seite 6 enthält die Namen aller SchülerInnen der Gruppe, Geschlecht, Alter und Datum der Erstellung des LSA-Profils. Vor den Namen der SchülerInnen finden sich eckige oder runde Symbole. Diese verweisen auf eine analytische oder holistische Tendenz und helfen den LehrerInnen bei der Orientierung. SchülerInnen ohne diese Symbole gelten als flexibel und können nach verschiedensten Gesichtspunkten Untergruppen zugeordnet werden (siehe S. 33).

3

Analytische/Holistische Gruppenresultate

LSA Erwachsenengruppe

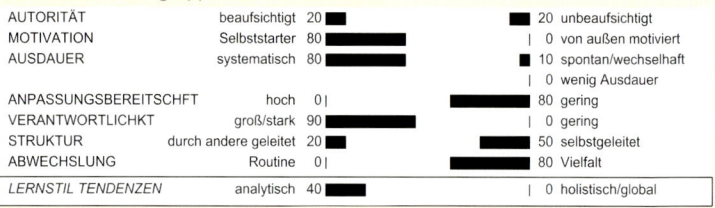

AUTORITÄT	beaufsichtigt	20 ■	■	20	unbeaufsichtigt
MOTIVATION	Selbststarter	80		0	von außen motiviert
AUSDAUER	systematisch	80	■	10	spontan/wechselhaft
				0	wenig Ausdauer
ANPASSUNGSBEREITSCHFT	hoch	0		80	gering
VERANTWORTLICHKT	groß/stark	90		0	gering
STRUKTUR	durch andere geleitet	20 ■	■	50	selbstgeleitet
ABWECHSLUNG	Routine	0		80	Vielfalt
LERNSTIL TENDENZEN	analytisch	40 ■		0	holistisch/global

Schlüssel ■ = Präferenzen

WSA (Arbeitsstilanalyse) Angestelltengruppe

AUTORITÄT	beaufsichtigt	9 –		55	unbeaufsichtigt
MOTIVATION	Selbststarter	0		100	von außen motiviert
AUSDAUER	systematisch	0		18	spontan/wechselhaft
				82	wenig Ausdauer
ANPASSUNGSBEREITSCHFT	hoch	0		0	gering
VERANTWORTLICHKT	groß/stark	0		91	gering
STRUKTUR	durch andere geleitet	9 –		18	selbstgeleitet
ABWECHSLUNG	Routine	27 —		– 9	Vielfalt
WSA Tendenzen	analytisch	9 –		27	holistisch/global

Schlüssel —— = Nicht-Präferenzen

LSA Seniorgruppe (Teenager)

				38	im Team
AUTORITÄT	Lehrer/Lehrerin	31 ——		31	unbeaufsichtigt
	Eltern	0			
MOTIVATION	Selbststarter	8 –		38	von außen motiviert
AUSDAUER	systematisch	23 —		23	spontan/wechselhaft
				38	wenig Ausdauer
ANPASSUNGSBEREITSCHFT	hoch	23 —		0	gering
VERANTWORTLICHKT	groß/stark	15 —		23	gering
STRUKTUR	durch andere geleitet	15 —		15	selbstgeleitet
ABWECHSLUNG	Routine	8 –		15	Vielfalt
LERNSTIL TENDENZEN	analytisch	8 –		– 8	holistisch/global

Schlüssel —— = Nicht-Präferenzen

LSA Erwachsenengruppe

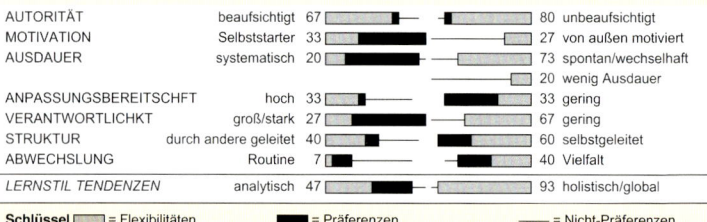

AUTORITÄT	beaufsichtigt	67		80	unbeaufsichtigt
MOTIVATION	Selbststarter	33		27	von außen motiviert
AUSDAUER	systematisch	20		73	spontan/wechselhaft
				20	wenig Ausdauer
ANPASSUNGSBEREITSCHFT	hoch	33		33	gering
VERANTWORTLICHKT	groß/stark	27		67	gering
STRUKTUR	durch andere geleitet	40		60	selbstgeleitet
ABWECHSLUNG	Routine	7		40	Vielfalt
LERNSTIL TENDENZEN	analytisch	47		93	holistisch/global

Schlüssel ▨ = Flexibilitäten   ■ = Präferenzen   —— = Nicht-Präferenzen

Jede Grafik zeigt die prozentuellen Verteilungen in einer Gruppe. Am Ende werden in einer zusätzlichen Zeile die analytischen und holistischen Anteile aufgeschlüsselt. Diese Information ist von größter Wichtigkeit – für LehrerInnen und alle übrigen Personen, die mit Gruppen im schulischen oder weiterbildenden Bereich arbeiten. Hier zeigt sich, ob eine Gruppe eher logisch, analytisch und detailorientiert oder eher gefühlsbetont, holistisch und kreativ ist.

Dies beeinflusst entscheidend den Erfolg (oder Misserfolg) eines Trainingsprogramms, der Lehrstoffvermittlung und generell von Unterrichtsmethoden, unabhängig vom jeweiligen Stoff.

LehrerInnen unterrichten in der Regel in der Weise, mit der sie selbst als Lernende am erfolgreichsten waren. Daher ist ihnen oft nicht bewusst, dass möglicherweise die meisten SchülerInnen im Unterricht mit anderen Methoden mehr Erfolg hätten und einen anderen Ansatz brauchen würden. Eine Diskrepanz zwischen Unterrichtsmethoden und Lernstilen führt bedauerlicherweise immer zu disziplinären Problemen und einem Absinken des schulischen Niveaus. Noch schlimmer sind die Kosten auf dem Sozialsektor. Die Auswirkungen können wir gegenwärtig überall auf der Welt beobachten.

Sowohl LehrerInnen als auch SchülerInnen können eine größere Flexibilität im Umgang mit analytischen und holistischen Techniken entwickeln. Mit gutem Beispiel vorangehen muss aber der Lehrer/die Lehrerin, indem er/sie entsprechende Strategien einsetzt.

Praktische Tipps

1. **Für analytische Schülergruppen:** *Verhelfen Sie ihnen dazu, die Welt vom Standpunkt holistischer Personen aus zu sehen: Wie diese auf das „große Bild" fokussieren. Wie sie vermeiden, sich in Details zu verlieren. Wie sie Spontaneität und Kreativität einsetzen.*

2. **Für holistische SchülerInnen:** *Ermutigen Sie diese, sich mit Details zu beschäftigen. Lassen Sie sie Listen mit Dingen erstellen, die sie gern machen. Dadurch helfen Sie ihnen, Prioritäten zu setzen. Geben Sie ihnen Anweisungen, die Spaß machen und die sie ausführen können, ohne ungeduldig zu werden.*

3. **Bei Wiederholungen:** *Bilden Sie Teams mit SchülerInnen, die gegensätzliche Lernstile haben.*

Zweigleisigkeit beim Unterrichten und die Bildung von Untergruppen

In der LernStil-Terminologie bedeutet Zweigleisigkeit, dass PädagogInnen im Unterricht bewusst und regelmäßig analytische Unterrichtsmethoden mit holistischen abwechseln. Auf diese Weise werden keine SchülerInnen links liegen gelassen. Niemand muss unpassende Unterrichtsmethoden ertragen oder unverständliche Erklärungen, die SchülerInnen dazu bringen, sich auszuklinken.

Mit anderen Worten: Analytischer, schrittweise aufgebauter Unterricht ist für holistische SchülerInnen verwirrend. Sie brauchen das Gesamtbild und haben tendenziell dann schulischen Erfolg, wenn sie sich auf emotionaler und physischer Ebene in einer angstfreien Lernumgebung einbringen können.

Holistischer, unstrukturierter, sich spontan entwickelnder Unterricht kann umgekehrt analytische SchülerInnen befremden. Denn sie brauchen Routine, Ordnung und Führung in einem berechenbaren, traditionellen Umfeld.

Nach Bedarf können für die ganze Gruppe kurze Erklärungen eingeschoben werden, die von multisensorischem, analytisch-holistischem Material unterstützt werden. Danach fährt man „zweigleisig" weiter.

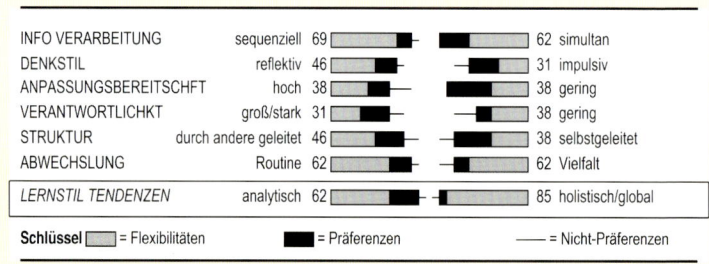

INFO VERARBEITUNG	sequenziell 69	62	simultan
DENKSTIL	reflektiv 46	31	impulsiv
ANPASSUNGSBEREITSCHFT	hoch 38	38	gering
VERANTWORTLICHKT	groß/stark 31	38	gering
STRUKTUR	durch andere geleitet 46	38	selbstgeleitet
ABWECHSLUNG	Routine 62	62	Vielfalt
LERNSTIL TENDENZEN	analytisch 62	85	holistisch/global

Schlüssel ▭ = Flexibilitäten   ■ = Präferenzen   —— = Nicht-Präferenzen

Gemeinsamer Unterricht für analytische und holistische SchülerInnen
nach ihrer Einteilung in Untergruppen mit ähnlich gelagerten Präferenzen.

Um beide Typen von SchülerInnen zu erreichen und um ihre Flexibilität zu erhöhen, verfahren Sie wie folgt:

1. Stellen Sie der ganzen Klasse neuen und/oder schwierigen Stoff in holistischer Form vor, z. B. mit einer persönlichen Anekdote, einem Witz. Liefern Sie immer einen Überblick mit. Vermeiden Sie Details.
2. Geben Sie dann den SchülerInnengruppen zugleich folgende Arten von Arbeitsaufträgen:

3

ANALYTIKER	HOLISTIKER
(linke Hemisphäre dominant)	(rechte Hemisphäre dominant)
a. Präsentieren Sie zuerst den Stoff mit einer Fülle von Fakten und Daten (Arbeitsblätter).	a. Organisieren Sie eine Teamlernphase mit „offenen" Arbeitsaufträgen.
b. Organisieren Sie als Nächstes eine Teamlernphase mit „geschlossenen" Fragen.	b. Präsentieren Sie den Stoff mit verschiedenen multisensorischen Lernmaterialien.
c. Planen Sie dann kreative Anwendungen ein, die möglichst verschiedene Lernstationen beinhalten.	c. Planen Sie dann kreative Anwendungen ein, die möglichst verschiedene Lernstationen beinhalten.
d. Zur Vertiefung und Sicherung sollten multisensorische Materialien eingesetzt werden, auch Rollenspiele, kreative Aktivitäten und Lernspiele.	d. Zur Vertiefung und Sicherung sollten Arbeitsblätter, schriftliche Übungen und Lernspiele mit detaillierten Anweisungen eingesetzt werden.

Kapitel 4: Unterrichten mit VATK

Sinneswahrnehmungen und alle anderen biologischen Stilelemente können sehr stark durch soziale Gruppierungen und Einstellungen zu Schule und LehrerInnen beeinflusst werden. Fühlen sich SchülerInnen in einer Lernsituation nicht wohl, können sie nicht gut lernen. Auch wenn sie dazu fähig wären, falls die PädagogInnen regelmäßig interessante multisensorische Unterrichtsmethoden verwenden würden.

V – A – T – K: visuell – auditiv – taktil – kinästhetisch

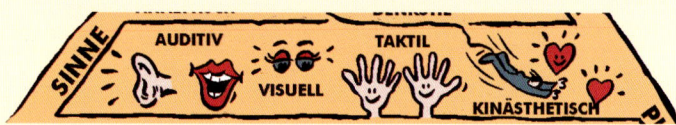

In jedem LSA-Bericht werden die einzelnen Sinneswahrnehmungen detailliert beschrieben. Die SchülerInnen erhalten Tipps, wie sie ihre individuelle Kombination in diesem Bereich am besten einsetzen können, um schwierige Inhalte leichter aufzunehmen, zu verarbeiten und im Gedächtnis zu speichern.

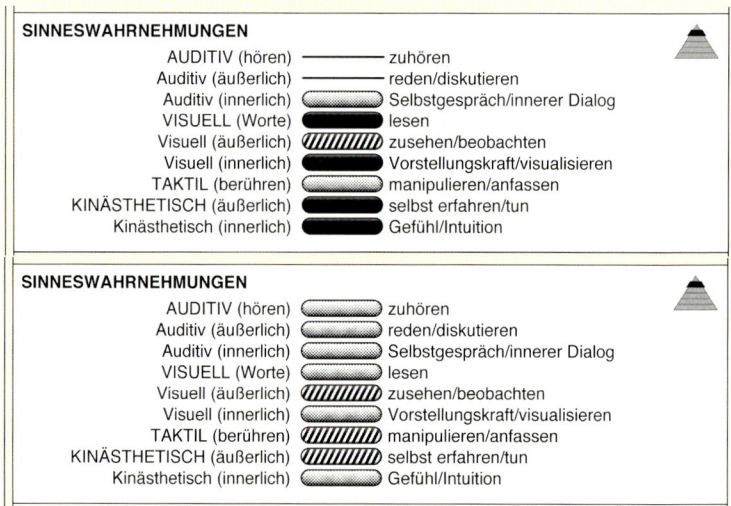

Alle LSA-Instrumente geben Auskunft über das Visuell-Auditiv-Kinästhetische (VAK – in englischsprachigen Ländern übliche Bezeichnung) hinaus. Denn auf dem Gebiet der Sinneswahrnehmungen wird zwischen taktilem (Berühren) und kinästhetischem (Erfahrung/Selbermachen) Lernen unterschieden. Außerdem wird der Bewegungsdrang als eigenständiges Element gewertet und nicht mit Kinästhesie in einen Topf geworfen wie in herkömmlichen VAK-Tests.

„Kinästhetisch extern" bedeutet Learning by Doing, der ganze Körper wird einbezogen und die Lernsituation wird ganzheitlich erlebt. Das könnte sowohl Bewegungen beim Erledigen eines Arbeitsauftrages bedeuten als auch eine absichtlich ruhige Körperhaltung, um so eine Lernaufgabe körperlich mitzuvollziehen. Im Gegensatz dazu unterstützt der Bewegungsdrang beim Lernen – Umhergehen, Sich-Wiegen, Schaukeln, Zappeln, Schlenkern mit Armen oder Beinen – den Lernprozess, das Nachdenken, das Problemlösen etc. Kinästhetisch Lernende brauchen oft zusätzlich Bewegung, trotzdem ist der Bewegungsdrang ein grundsätzlich anderes Element.

Es gibt in jeder Klasse SchülerInnen, die die ganze Zeit in Aktion sein müssen: Wenn sie sich schon nicht mit ihrem ganzen Körper bewegen, so können sie jedenfalls ihre Hände oder Finger einfach nicht stillhalten. Sie spielen mit ihrem Schreibzeug, trommeln mit den Fingern … Ein derartiges Verhalten wird von LehrerInnen oft als störend erlebt. Es bedeutet aber nur, dass die Betreffenden hochgradig taktil sind und es oft ihr Leben lang bleiben werden.

4

Zusätzlich zu den vier Hauptsinneswahrnehmungen gibt es Untergruppen für „auditiv", „visuell" und „kinästhetisch", die gleich wichtig sind. Diese Stilmerkmale können nicht durch bloße Beobachtung der SchülerInnen im Unterricht erschlossen werden. Die Aufnahme von Information ist ein hochkomplexer Prozess, der im Gehirn abläuft. Dabei kommen diffizile Kombinationen sensorischer Präferenzen, Nicht-Präferenzen und Flexibilitäten zum Tragen. Umwelteinflüsse, physische Bedürfnisse, das Alter und die jeweils dominante Hirnhemisphäre sind darüber hinaus maßgeblich.

V – A – T – K
Visuell – auditiv – taktil – kinästhetisch

Überlege, welche deine bevorzugten Sinne sind,
und wähle Lernaktivitäten aus der Liste unten aus

Visuell	Auditiv	Taktil	Kinästhetisch
Jasmine	Josh A.	Josh W.	Marianna
Marianna	Louise	Riki	Jared
Smitha	Sara	Josh A.	Sara
Louise	Rajesh	Tymon	Jacob
Ivan	Tony	Tara	Tony
Anita	Hanna	Jared	Chris
Tony	Monice	Caleb	Hanna
Hanna	Sheryl	Jacob	Jasmine
Sheryl	Steve	Rajesh	Ivan
Steve	Lee		Rajesh
Riki	Marianna		Monice
Danielle	Smitha		Sheryl
			Riki
▪ Schautafeln in der Klasse ▪ Lernblätter ▪ Bücher ▪ Powerpoint-Präsentation	▪ Informationen über Geometrie hören – Kassetten ▪ Beschreibung von Tangrams anhören ▪ Tangramformen diskutieren	▪ Puzzles ▪ Brettspiele ▪ Formen basteln (mit Klassenwerkzeugen) ▪ Lernmaterialien ▪ Feely Bag (Gegenstände in einem Stoffbeutel ertasten)	▪ Formen im Schulhof auf Beton zeichnen ▪ Tangramformen fühlen ▪ Herumgehen in der Klasse, Lernmaterialien und Puzzles ansehen ▪ Lernstationen mit Schautafeln und Puzzles

Diese Matrix zeigt die LSA-Resultate in den Sinneswahrnehmungen einer Klasse an der Forbury Primary School in Dunedin, Neuseeland. Die Farbgebung der Namen zeigt an, welche SchülerInnen aufgrund gleicher Präferenzen Lernaufgaben gut miteinander ausführen können. Die Lehrerin berichtete, dass bei einer solchen Untergruppierung auch Schüler in Geometrie zusammengearbeitet hatten, die normalerweise kaum oder keinen Sozialkontakt pflegen.

Hinweise für LehrerInnen: Obwohl multisensorisches Unterrichten mehr Vorbereitung und vielfältige didaktische Fertigkeiten erfordert, ist dies letztendlich die einzige Möglichkeit, alle SchülerInnen in den Lernprozess einzubeziehen. Dies gilt ganz besonders bei beim Vermitteln von schwierigen Lehrplaninhalten – da müssen so viele Sinne wie möglich angesprochen werden.

In meinem Buch „Learning Styles in Action" finden Sie zahlreiche Berichte von LehrerInnen aus verschiedenen Ländern, die beschreiben, wie sie VATK in ihre tägliche Unterrichtspraxis einbauen.

Tipps für die Anwendung in der Praxis sind Teil eines jeden LSA-Berichts. Dieser enthält detaillierte Erklärungen, wie man es SchülerInnen ermöglichen kann, bei der Erarbeitung von neuem/schwierigem Stoff verschiedene Sinne einzusetzen und zu kombinieren.

Flexibilität/Anpassungsfähigkeit bei den Sinneswahrnehmungen bedeutet, dass die betreffenden Personen dann am besten lernen, wenn sie Information über mehrere Sinneskanäle aufnehmen; sie brauchen immer einen multisensorischen Ansatz, eine Kombination von Sinneswahrnehmungen. Erfolgt eine Informationsaufnahme nur über einen oder zwei Kanäle (z. B. ausschließlich durch Zuhören und/oder Lesen), ist das für sie nicht befriedigend und sie klinken sich leicht aus. Solange sie interessiert sind, behalten sie schwierige bzw. neue Informationen. Verlieren sie jedoch das Interesse, dann lässt die Konzentration rapide nach. Ihre Flexibilität leidet ebenfalls und verwandelt sich u. U. in eine Nicht-Präferenz. SchülerInnen hören z. B. zu, solange sie die Sache interessiert. Ab dem Augenblick, in dem sie Langeweile empfinden, schalten sie ab, werden unruhig und beginnen oft zu stören.

MinderleisterInnen weisen häufig Flexibilitäten (oder Nicht-Präferenzen) in den Bereichen „Auditiv – zuhören" und „Visuell (Worte) – lesen" und starke Präferenzen in „Taktil – berühren" und „Kinästhetisch – erfahren, fühlen" auf, oft kombiniert mit einem großen Bewegungsdrang und dem Bedürfnis nach bequemen Sitzmöbeln. Aufgrund dieser Stilkombination klinken sie sich, sobald sie das Interesse verlieren, entweder völlig aus oder werden unruhig und verhaltensauffällig. Sie fühlen sich vom traditionellen Frontalunterricht („Chalk and Talk") nicht angesprochen. Bleiben solche Nichtübereinstimmungen lange bestehen, werden die betreffenden SchülerInnen zuerst zu Problemfällen und dann zu Schulabbrechern mit allen negativen sozialen Konsequenzen.

4

Sensorische Gruppenresultate

Gruppen Prozentzahlen III (Flexibilitäten)

Die Grafik zeigt die Prozentzahl von Schülern mit Flexibilitäten in den folgenden Bereichen:

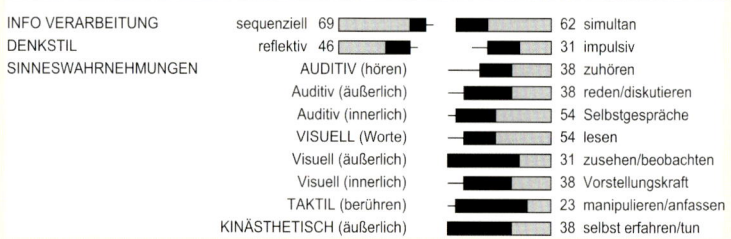

INFO VERARBEITUNG	sequenziell 69	62 simultan
DENKSTIL	reflektiv 46	31 impulsiv
SINNESWAHRNEHMUNGEN	AUDITIV (hören)	38 zuhören
	Auditiv (äußerlich)	38 reden/diskutieren
	Auditiv (innerlich)	54 Selbstgespräche
	VISUELL (Worte)	54 lesen
	Visuell (äußerlich)	31 zusehen/beobachten
	Visuell (innerlich)	38 Vorstellungskraft
	TAKTIL (berühren)	23 manipulieren/anfassen
	KINÄSTHETISCH (äußerlich)	38 selbst erfahren/tun

LS-Materialien mit der Möglichkeit zur Selbstkontrolle optimieren die Berücksichtigung von Lernstilen, erst dann kann man wirklich von einem lernstiliorientierten Unterricht sprechen. Diese Materialien sind im Handel erhältlich, können aber auch von LehrerInnen, Eltern und Lernenden selbst erstellt werden. Besonders wichtig ist das für Lernende mit visuell-taktilem Schwerpunkt. Weitere Einzelheiten zu diesem Thema finden Sie in „Learning Styles in Action" (Kapitel 9).

Ein Satz LS-Materialien: eine Flipbox, ein Lernkreis, ein Bandolino, Puzzlekarten, ein Koosh-Ball und taktile Lernspiele.

Wenn Sie Gruppenprofile für die Vorbereitung von „multisensorischen Stunden" verwenden, verfahren Sie wie folgt:

1. Ermitteln Sie, für welche Sinneswahrnehmungen die meisten Präferenzen bei den Lernenden bestehen (Resultate über 60 % in Grafik 1 sind signifikant). Wenn Ihre SchülerInnen auf mehreren Gebieten hohe Resultate aufweisen, ist das für Sie von Vorteil. Denn die SchülerInnen können sich schwierigen Stoff auf verschiedene Weise aneignen.

2. Ermitteln Sie die Flexibilitäten in Grafik 3, um auch diesen Aspekt mit einbeziehen zu können (vgl. S. 33).

3. Sehen Sie sich auch die sensorischen Nicht-Präferenzen in Ihrer Gruppe an. Dadurch stellen Sie fest, was Sie im Hinblick auf die Mehrheit vermeiden sollten (vgl. S. 30).

4. Planen Sie jetzt Ihren Unterricht auf Basis dieser Erkenntnisse. Berücksichtigen Sie immer zuerst die am stärksten ausgeprägten Sinne Ihrer SchülerInnen. Zur Unterstützung ziehen Sie ihre sekundären Stärken und die Sinne heran, bei denen Ihre Gruppe Flexibilitäten zeigt.

5. Alle Übungen, die Sie planen, können wiederholt eingesetzt werden, zwar nicht zugleich für alle, aber in der Reihenfolge, die den festgestellten Präferenzen entspricht. So werden auch die Flexibilitäten der Lernenden trainiert.

6. Für die Erarbeitung von schwierigem Stoff teilen Sie die SchülerInnen in sensorische Untergruppen ein. Ziehen Sie dazu die Seite heran, die die Namen der Gruppenmitglieder enthält. So sehen Sie, wer mit wem am besten bei den gleichen Aktivitäten zusammenarbeiten wird. (Sobald sich die Lernenden an LS-Unterricht gewöhnt haben, teilen sie sich selbst in Untergruppen ein.)

7. Vergewissern Sie sich, dass Sie den Stoff in einer Weise präsentieren, der auf den LS der Gruppe abgestimmt ist. Ziehen Sie Übungen heran, die den sensorischen Präferenzen in der Gruppe entsprechen. Wenn SchülerInnen zum ersten Mal mit neuem Stoff konfrontiert werden, sind multisensorische Methoden immer zu empfehlen. Diese sollten aber nie auf gut Glück eingesetzt werden, sondern ausschließlich aufgrund der LSA-Gruppenresultate.

4

Der Unterricht von neuem Stoff mit V – A – T – K

Auditory

Luke
Melissa
Robert
Sharna
Bijay
Megan
Aaron
Leah

Visual

Hayden
Rawinia
Frances
Samara
Jared
Alesha
Charlene
Danetta   Elizabeth

Tactile

Kiri
Cameron
Jordan P
Michael
Bevan
Paniora
Jamie
Jade

Kinesthetic

Tyrone
Jordan K
Fomai
Nathan
John

Namensliste von SchülerInnen der Forbury Primary School, Dunedin, Neuseeland. Sie ist in der Klasse aufgehängt und bildet für die Klassenlehrerin Lesley die Grundlage für die Einteilung der SchülerInnen in Untergruppen, sobald die Klasse etwas Neues und Schwieriges erarbeitet.

Bei der Erarbeitung von neuem und/oder schwierigem Stoff liefern die LSA-Resultate LehrerInnen wertvolle Informationen für die Einteilung der SchülerInnen in Untergruppen, die ihren Präferenzen bei den Sinneswahrnehmungen entsprechen.

Die goldene Regel lautet, diejenigen SchülerInnen zusammenarbeiten zu lassen, bei denen sich im LSA-Profil die gleichen Präferenzen zeigen. Das sieht nur anfänglich nach einer schwierigen Prozedur aus. Wenn Sie sich mit den LSA-Profilen und ihrer Interpretation vertraut gemacht haben, ist es ganz leicht: Betrachten Sie als Erstes die Seite(n) mit den „Gruppenresultaten". Stellen Sie in den Rubriken der einzelnen Sinneswahrnehmungen fest, wo sich die starken sensorischen Präferenzen befinden (vgl. S. 34). Um anschließend die Namen der SchülerInnen herauszufinden, gehen Sie zur Seite mit den Gruppenmitgliedern.

Jetzt haben Sie ein klares Bild davon, wer mit wem bei welchen Aktivitäten sinnvollerweise lernt und wie die Übungen zu reihen sind.

Genau das hatte die Lehrerin im Sinn, die die Liste auf der gegenüberliegenden Seite angelegt hat. So weiß jede/r, wie und mit wem etwas zu tun ist, selbst wenn die betreffenden SchülerInnen üblicherweise nicht miteinander arbeiten oder spielen. Bestimmte Aktivitäten führen sie jedoch gemeinsam durch, weil sie die gleichen sensorischen Bedürfnisse haben und für die Arbeitsweise des jeweils anderen Verständnis aufbringen.

Die SchülerInnen sollten immer die Möglichkeit haben, sich einem schwierigen Lernpensum über ihre erste und am **stärksten ausgeprägte** Präferenz **zu nähern.** (Wenn sie mehr als eine Präferenz haben, können sie die Sache glücklicherweise von verschiedenen Seiten angehen.) Zur Wiederholung/Vertiefung sollten sie sich ihrer zweitstärksten Präferenz bedienen und dann ihrer **Flexibilitäten.** Sobald sie den neuen Stoff verstanden haben, kommen die **Nicht-Präferenzen** dran, damit die Lernenden einen neuen Ansatz kennenlernen und flexibler werden. Niemand sollte neuen und/oder schwierigen Stoff über Nicht-Präferenzen lernen müssen, denn dadurch wird Lernen in den meisten Fällen unmöglich.

4

Biologische LSA-Stilkombinationen

Die Bedeutung der biologischen Elemente für den Lernstil kann gar nicht hoch genug angesetzt werden: Ganz besonders dann, wenn wir unter Druck stehen, geben biologische Faktoren den Ausschlag.

Lernprozesse werden von vielen SchülerInnen als immens stressreich erlebt. LehrerInnen müssen sich daher im Klaren sein, dass manche Kombinationen von Stilelementen zu Erfolg in der Schule und Höchstleistungen beim Lernen befähigen, während andere Frustration und schulisches Versagen zur Folge haben.

Wir wissen aus praktischer Erfahrung – und die Forschung bestätigt es –, dass in Stresssituationen Flexibilitäten und erworbene Stilmerkmale verschwinden (auch und gerade solche, die durch Indoktrination, unter Druck erworben wurden). Stattdessen übernehmen natürliche/biologische Präferenzen oder Nicht-Präferenzen das Kommando, ganz gleichgültig, wie nützlich oder hinderlich diese Merkmale in einer schwierigen Lern- oder Problemlösungssituation sind.

Die Elemente in den obersten vier Schichten der LSA-Pyramide sind wesentlich von natürlichen, biologischen Bedürfnissen geprägt. Dennoch werden sie oft von Jahren der Konditionierung überdeckt und scheinen deshalb eher erworben als biologischen Ursprungs.

Dies gilt besonders für Kombinationen auf dem Gebiet der Anforderungen an das Lernmilieu. Auf den ersten Blick scheinen viele SchülerInnen eine Umgebung mit Ruhe, hellem Licht und formellen Sitzmöbeln zu bevorzugen. Ihre ersten LSA-Resultate bestätigen scheinbar das Vorhandensein dieser Merkmale, die dem analytischen Typus zugehören.

Wenn das ihre tatsächlichen, natürlichen Stilpräferenzen wären, dann würden sich diese SchülerInnen in traditionellen Klassenräumen wohlfühlen. In Wahrheit tun sich die meisten schwer, finden das Lernen mühsam, akzeptieren innerlich die Umstände nicht, unter denen sie arbeiten müssen, empfinden Frustration und leiden unter Schulstress.

Eine derartige Situation ist ein eindeutiges Anzeichen dafür, dass sie **konditioniert** worden sind, auf eine bestimmte Art zu lernen. Diese beruht meist auf traditionellen Vorstellungen ihrer LehrerInnen und Eltern. Obwohl solche Konditionierungsprozesse viele Jahre während einer Schullaufbahn andauern, gelingt es nicht, mit ihrer Hilfe SchülerInnen „umzudrehen". Sie haben ein starkes natürliches Bedürfnis nach dem Gegenteil, d. h., sie würden zum optimalen Lernen eine Geräuschkulisse, gedämpftes Licht und ein informelles, legeres Umfeld brauchen. Oft kommen noch das Verlangen nach Bewegung und Nahrungsaufnahme und starke taktile und kinästhetische Präferenzen hinzu. Das Ergebnis der Konditionierungsversuche ist immer negativ und führt nur zu Motivationsschwund, geringem Selbstwertgefühl und oft genug zum Abbrechen der Schullaufbahn.

Es ist deshalb äußerst wichtig, dass LehrerInnen Ihre SchülerInnen nicht dazu zwingen, auf eine vordefinierte Weise zu lernen. Auch Eltern sind gut beraten, die biologischen Stilkombinationen ihrer Kinder zu **verstehen** und zu **akzeptieren** und sie auf die ihnen eigene – und einzigartige – Weise lernen zu lassen.

4

Einstellungen und soziale Gruppierungen: konditionierte Stilmerkmale

Die untersten zwei Schichten der LSA-Pyramide zeigen Stilelemente, die gewöhnlich für erlernt oder konditioniert gelten, da der Mensch nicht schon mit diesen Fähigkeiten oder diesem Wissen zur Welt kommt.

Es ist jedoch wahrscheinlich, dass biologische Merkmale auch für diese Elemente wenigstens eine Basis bilden. Denn die Präferenzen machen sich schon sehr früh im Leben bemerkbar, stehen oft im Widerspruch zu Familie, zu sozialer oder kultureller Konditionierung und kommen ohne Training zustande.

 LSA-Senior: Schülerversion　　　　Thomas Problemschüler

Grafik 2: Konditionierte/erlernte Elemente

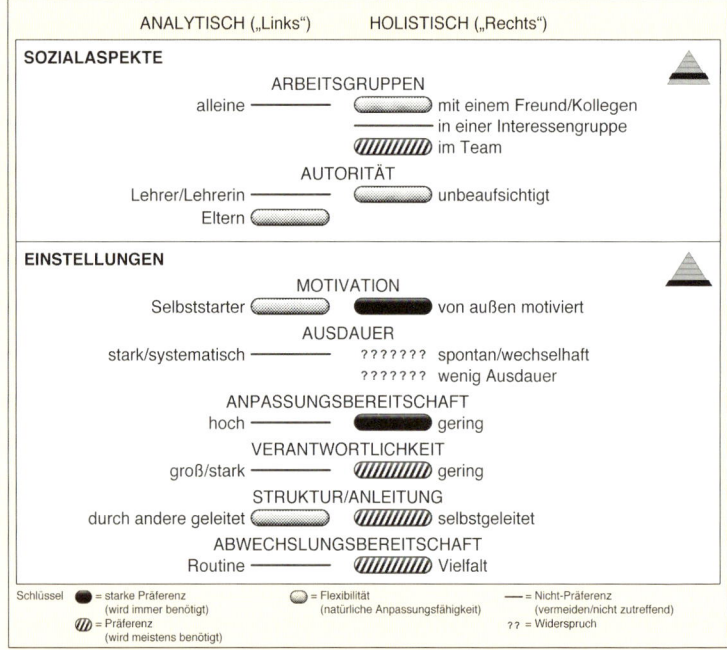

Im Gegensatz zu den im Zusammenhang mit Grafik 1 besprochenen biologischen Stilmerkmalen gelten die Resultate in der Grafik 2 als erworben und entwickeln sich durch Konditionierung von frühester Kindheit an. Sie sind von der bisherigen Forschung ausführlich behandelt worden.

In den letzten Jahren mehren sich die Hinweise, dass wenigstens einige dieser Elemente zugleich eine biologische Grundlage haben. Welche andere Erklärung könnte man für bestimmte Phänomene finden, beispielsweise: Wieso brauchen manche Kinder, wenn sie etwas Neues und/oder Schwieriges lernen sollen, immer jemanden in ihrer Nähe, während andere besser sich selbst überlassen bleiben? Woher kommt es, dass manche Kinder Autorität problemlos akzeptieren und andere (oft auch ihre Geschwister) dazu nicht imstande sind – trotz der Erziehung in derselben Familie? Warum zeigen manche SchülerInnen so überhaupt keinen schulischen Ehrgeiz, geringe Ausdauer und ein schwach entwickeltes Verantwortungsgefühl für ihre schulischen Leistungen trotz der Hilfestellung, der Unterstützung und sogar des Drucks seitens ihrer LehrerInnen und Eltern?

Diese Stilmerkmale sind willentlich beeinflussbar und können sich sehr rasch ändern. Aus Beobachtungen wissen wir jedoch, dass manche Kombinationen sehr stabil sind und u. U. über Jahre konstant bleiben. Dies gilt besonders für Bereiche wie „Autorität", „Ausdauer" und „Nonkonformismus/Nichtanpassung", die zu Konflikten zwischen MinderleisterInnen, LehrerInnen und den Strukturen der Schule führen können (was oft disziplinäre Probleme verursacht).

LSA-Profile wie das auf der gegenüberliegenden Seite veranschaulichen eine typische Stilkombination, die unter jugendlichen SchülerInnen mit Lernproblemen häufig ist. Offenbar können kein wie immer geartetes Training, keine Konditionierungs- oder Disziplinierungsmaßnahmen eine dauerhafte Änderung des Verhaltens der betreffenden SchülerInnen herbeiführen. Sie können sich jedoch zu erfolgreichen Lernenden entwickeln, wenn durch eine LSA Verständnis für ihre Lernstile geschaffen wird und sie im Anschluss daran nach ihrer Fasson lernen können, selbstverständlich innerhalb des von der Schule vorgegebenen disziplinären Rahmens. Viele LehrerInnen haben solche Entwicklungen bereits miterlebt und ihrerseits wesentlich dazu beigetragen, dass auch „Problemfälle" ihr volles Lernpotenzial ausschöpfen.

Kapitel 5: Lernbedürfnisse von „ProblemschülerInnen"

Wenn der Lernprozess für SchülerInnen nicht erfolgreich ist, macht es wenig Sinn, Versuch-und-Irrtum-Strategien anzuwenden. LehrerInnen müssen vielmehr Stilkombinationen und natürliche Lernbedürfnisse ihrer ProblemschülerInnen kennen. Jahrelange Forschungen und praktische Anwendungen von LS haben charakteristische Stilelemente von SchülerInnen aufgezeigt, für die traditioneller Unterricht nicht passt und die mit Lerngegenständen kämpfen.

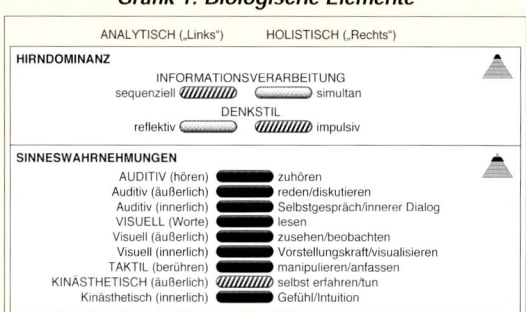

Grafik 1: Biologische Elemente

Die Mischung starker Präferenzen in diesem Abschnitt des LSA-Profils weist auf ein großes intellektuelles Potenzial hin und auf die Fähigkeit, Informationen in beliebiger Gestalt problemlos aufzunehmen und zu verarbeiten. Leider ist selbst dieses Talent noch keine Garantie für schulischen Erfolg.

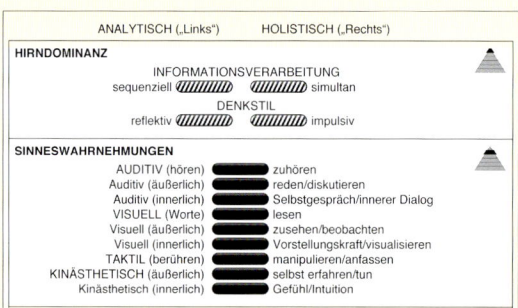

Dieses LSA-Profil (gleicher Abschnitt wie oben) zeigt eine ganz andere Kombination von Präferenzen. Die Ergebnisse weisen auf Schwierigkeiten im Bereich des traditionellen Lernens hin, besonders in Lernfächern, die gewöhnlich durch Vortrag, Diskussionen und Lektüre unterrichtet werden. Dabei werden die Bedürfnisse dieses Schülers nicht berücksichtigt, der sich neuen Stoff am besten durch Beobachtung und eigene Erfahrung aneignen würde.

Die Ergebnisse der LSA-Profile der Lernenden können aufzeigen, dass problematische Entwicklungen absehbar sind, wenn diese SchülerInnen weiter traditionellen, „kopflastigen" Unterricht erhalten.

Probleme mit schulischen Leistungen und dem Verhalten im Unterricht können natürlich viele Ursachen haben, z. B. eine schwierige soziale Situation zu Hause, in der Familie. Es gibt aber auch Schulversagen ohne erkennbare äußere Ursachen und trotz vorhandener Intelligenz, großem Lernpotenzial und jeder nur denkbaren Unterstützung. Bei genauerer Betrachtung der LSA-Resultate zeigen sich Kombinationen von LS-Präferenzen, die es den betreffenden Personen extrem schwer machen, schulisch erfolgreich zu werden und zu bleiben. Vielleicht sind sie gute SportlerInnen und gut in Gegenständen, die keine Lernfächer sind. Mit den „Hauptgegenständen" stehen sie jedoch auf Kriegsfuß und erbringen trotz offenkundiger Anstrengungen nicht die schulischen Leistungen, die ihre LehrerInnen und Eltern von ihnen erwarten.

Der Vergleich von Tausenden von LSA-Profilen in verschiedenen Ländern lässt den Schluss zu, dass SchülerInnen in folgenden Fällen schulische Probleme haben – die von gelegentlichen „Unfällen" bis zum totalen Versagen und zum Schulabbruch reichen:

a) Sie haben eine biologische Stilkombination, die außergewöhnlich ist (wie die ausgeprägte Intellektualität auf der gegenüberliegenden Seite), oder
b) haben Lernbedürfnisse, denen der Unterrichtsstil ihrer analytischen, traditionellen, „akademischen" LehrerInnen (wie im zweiten Beispiel gegenüber) nur fallweise entspricht, oder
c) sie haben aufgrund der für sie inadäquaten Unterrichtsweise extrem unangepasste, individualistische Einstellungen zum schulischen Lernen entwickelt. Diese manifestieren sich in Störmanövern und der demonstrativen Weigerung, sich einzubringen (vgl. LSA-Grafik 2 auf S. 50).

5

Lernstile von MinderleisterInnen und von praktisch veranlagten SchülerInnen

 LSA-Senior: Schülerversion   Thomas Problemschüler

Grafik 1: Biologische Elemente

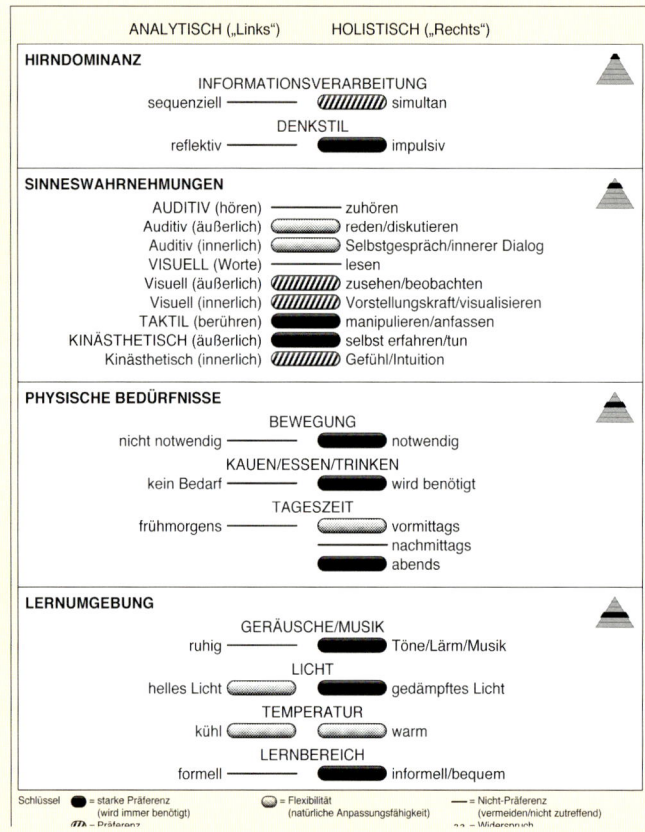

Fehlen langfristig Entsprechung in den biologischen Bereichen, führt das zu negativen Einstellungen zum Lernen und zu Verhaltensauffälligkeiten, die sich auch aus der Grafik 2 der LSA (vgl. Seite 50) ablesen lassen.

PädagogInnen müssen akzeptieren, dass sie junge Menschen mit einzigartigen Lernbedürfnissen in oft überfüllten Klassen unterrichten. Die Massenerziehung hat mit wenig Erfolg versucht, die Vielfalt über einen Kamm zu scheren. Schulversagen und steigende Zahlen bei SchulabbrecherInnen weltweit – mit den unerwünschten sozialen Folgen – sprechen Bände.

Das LSA-Profil auf der gegenüberliegenden Seite weist die größte Zahl an Präferenzen auf, die bei SchülerInnen mit Lernschwächen festgestellt worden ist. Das bedeutet natürlich nicht, dass alle MinderleisterInnen in ihrem Stil alle diese Merkmale aufweisen. In vielen Fällen reicht es, langfristig drei oder vier Lernbedürfnisse im Unterricht nicht zu berücksichtigen. Das Ergebnis bei der betroffenen Person ist Stress, Frustration oder Verzweiflung. Oft bringt diese Situation den Schüler/die Schülerin dazu, sich vollständig aus dem Lernprozess im Unterricht auszuklinken, was oft genug zu einem Abbruch der Schullaufbahn führt.

Aus Feldstudien in mehreren Schulsystemen weltweit wissen wir, dass die folgenden Unvereinbarkeiten SchülerInnen (besonders der Sekundarstufe) die größten Probleme verursachen, neuen/schwierigen Stoff zu erarbeiten:

1. Starke Dominanz der **rechten Hemisphäre** und die daraus resultierende Unfähigkeit, einer sequenziellen, logisch-analytischen Stoffpräsentation zu folgen.
2. **Nicht-Präferenz für zuhörende** und **lesende** Erarbeitung von neuem Stoff, besonders wenn er als langweilig und ohne praktische Anwendung erlebt wird.
3. Starkes **Bedürfnis nach taktiler** und **kinästhetischer** Stimulation, die in theorielastigen Gegenständen selten verfügbar ist. Ohne **körperliche** und **praktische Betätigung** findet nur mehr ein reduziertes Verstehen statt, das Interesse nimmt ab, Frustration macht sich breit und erzeugt **negative Gefühle** gegenüber Gegenstand und LehrerInnen.
4. Unfähigkeit, lange still sitzen zu bleiben; das unerfüllte **Bewegungsbedürfnis** verursacht Störmanöver.
5. Fehlende Entsprechung zwischen Biorhythmus und Stundenplan; Konzentrationsprobleme in den Vormittagsstunden, Müdigkeit infolge verkürzter Schlafenszeit, wenn der späte **Abend** bevorzugt zur Arbeit benützt wird.
6. **Hintergrundmusik, gedämpftes Licht** und **eine informelle Lernumgebung** sind in traditionellen Klassenräumen üblicherweise unmöglich. Arbeiten ohne Geräuschkulisse, mit hellem Licht und in formeller Umgebung werden aber als Ursache von physischem Stress und schließlich als unerträglich erlebt. Dies führt dazu, dass SchülerInnen sich ausklinken und schließlich ihre Schullaufbahn überhaupt abbrechen.

5

Flexibilität als Ursache von geringen Leistungen

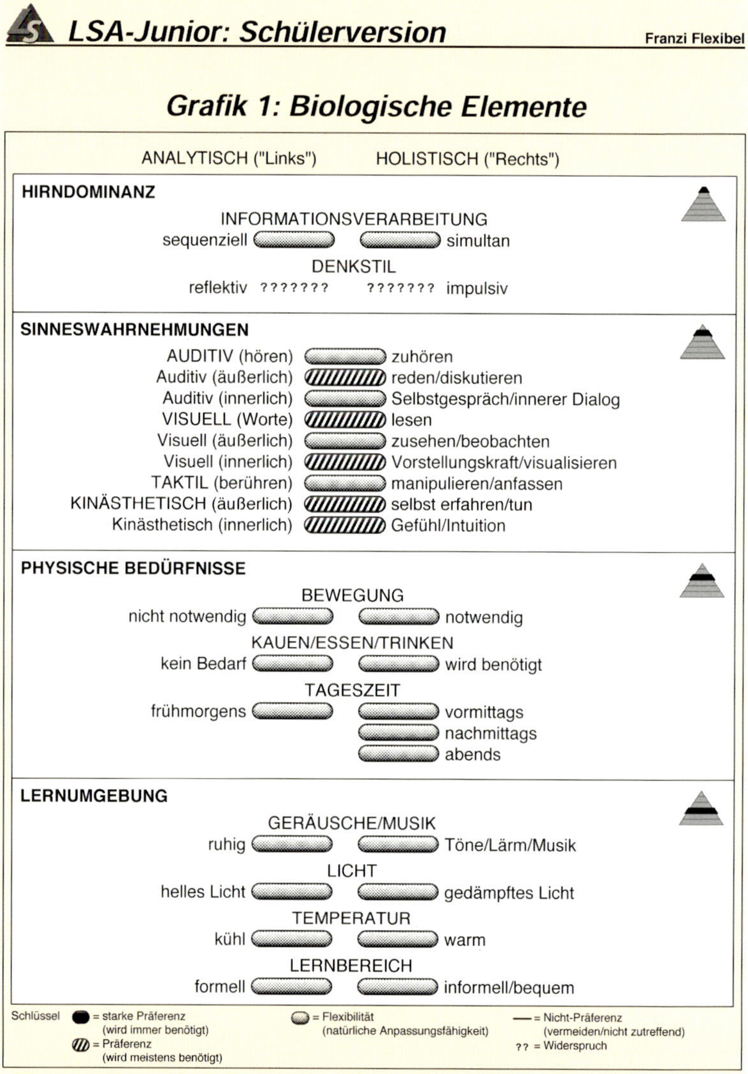

LSA-Junior: Schülerversion

Franzi Flexibel

Grafik 1: Biologische Elemente

ANALYTISCH ("Links")   HOLISTISCH ("Rechts")

HIRNDOMINANZ

INFORMATIONSVERARBEITUNG
sequenziell ▭▭▭▭ ▭▭▭▭ simultan
DENKSTIL
reflektiv ??????? ??????? impulsiv

SINNESWAHRNEHMUNGEN

AUDITIV (hören) ▭▭▭▭ zuhören
Auditiv (äußerlich) ▨▨▨▨ reden/diskutieren
Auditiv (innerlich) ▭▭▭▭ Selbstgespräch/innerer Dialog
VISUELL (Worte) ▨▨▨▨ lesen
Visuell (äußerlich) ▭▭▭▭ zusehen/beobachten
Visuell (innerlich) ▨▨▨▨ Vorstellungskraft/visualisieren
TAKTIL (berühren) ▭▭▭▭ manipulieren/anfassen
KINÄSTHETISCH (äußerlich) ▨▨▨▨ selbst erfahren/tun
Kinästhetisch (innerlich) ▨▨▨▨ Gefühl/Intuition

PHYSISCHE BEDÜRFNISSE

BEWEGUNG
nicht notwendig ▭▭▭▭ ▭▭▭▭ notwendig
KAUEN/ESSEN/TRINKEN
kein Bedarf ▭▭▭▭ ▭▭▭▭ wird benötigt
TAGESZEIT
frühmorgens ▭▭▭▭ ▭▭▭▭ vormittags
▭▭▭▭ nachmittags
▭▭▭▭ abends

LERNUMGEBUNG

GERÄUSCHE/MUSIK
ruhig ▭▭▭▭ ▭▭▭▭ Töne/Lärm/Musik
LICHT
helles Licht ▭▭▭▭ ▭▭▭▭ gedämpftes Licht
TEMPERATUR
kühl ▭▭▭▭ ▭▭▭▭ warm
LERNBEREICH
formell ▭▭▭▭ ▭▭▭▭ informell/bequem

Schlüssel ● = starke Präferenz ◖ = Flexibilität —— = Nicht-Präferenz
(wird immer benötigt) (natürliche Anpassungsfähigkeit) (vermeiden/nicht zutreffend)
▨▨ = Präferenz ?? = Widerspruch
(wird meistens benötigt)

Multisensorischer Unterricht erhält das Interesse flexibler SchülerInnen aufrecht und baut ihre Flexibilitäten zu Präferenzen aus. Solange ihr Interesse und ihre Motivation für ein Thema andauern und sie die Art mögen, wie unterrichtet wird, zeigen sie gute schulische Leistungen. Ist das nicht der Fall, dann versagen sie.

Gibt es langfristig keine Entsprechung zwischen biologischen Lernbedürfnissen und Unterrichtsstil, führt dies also fast immer zu schulischen Problemen und zu Verhaltensstörungen. Aber noch eine weiteres Phänomen bedeutet für LehrerInnen eine besondere Herausforderung: Stilflexibilität in den Profilen der SchülerInnen.

Die ursprüngliche Annahme war, dass Flexibilität etwas Begrüßenswertes ist und dass viele Flexibilitäten im LS der betreffenden Person zusätzliche Stärken verleihen. Feldstudien und Berichte von Personen, die mit LSA arbeiten, legen jetzt jedoch nahe, dass zu viele Flexibilitäten eine weitere Ursache für Minderleistungen und schulisches Versagen sind.

Tatsache ist, dass Flexibilitäten/Wahlmöglichkeiten verschieden zu bewerten sind, je nachdem, in welchem Bereich des LSA-Profils sie auftreten. Sie sind ein Vorteil in bei den physischen Bedürfnissen oder in „Umgebung", wenn problemlose Anpassung an sich ändernde Umstände gefordert wird. Besonders vorteilhaft sind sie bei der Hemisphärendominanz: Hier ist die Fähigkeit, in einer schwierigen Situation von einem Denkstil zum anderen umzuschwenken, eine große Hilfe.

Bei den Sinneswahrnehmungen ist Flexibilität hingegen ein Nachteil, weil diese SchülerInnen sehr rasch das Interesse verlieren, wenn sie Informationen nur über einen Sinn (z. B. „Auditiv – zuhören" oder „Visuell – lesen") aufnehmen müssen, der nicht ihre Präferenz ist. Damit sie ihr Potenzial ausschöpfen, müssen sie immer mit multisensorischer Stimulation arbeiten, sonst können sie sich nicht konzentrieren. Für flexible Lernende ist außerdem Interesse der allerwichtigste Faktor. Wenn sie Interesse verspüren, lernen sie sehr gut unter Einbezug verschiedenster Sinne. Ist dies jedoch nicht der Fall, dann merken sie sich gar nichts. **Langeweile** bewirkt, dass sich ihre **Flexibilitäten in Nicht-Präferenzen verwandeln.**

Das Resümee: Verwenden Sie grundsätzlich Übungen, die mehr als nur einen Sinn ansprechen, besonders bei der Erarbeitung von neuem, schwierigem Stoff (vgl. S. 40 – 47). Alle SchülerInnen werden es Ihnen danken und bessere Leistungen erbringen.

5

Tageszeit-Präferenzen

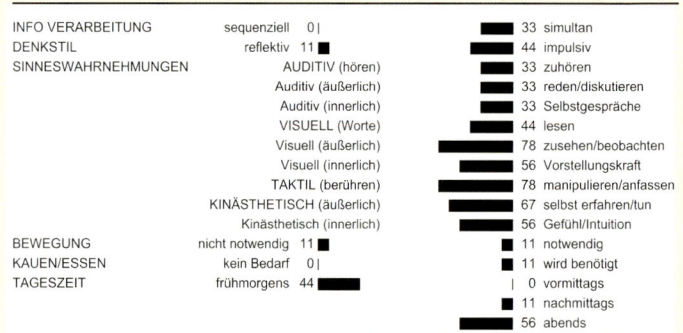

prepared for: LSA Senior Gruppe
CLS   Prashnig B
26/02/2006   Totale Anzahl in der Gruppe = 9

Gruppen Prozentzahlen I (Präferenzen)

Die Grafik zeigt die Prozentzahl von Schülern mit Präferenzen in den folgenden Bereichen:

INFO VERARBEITUNG	sequenziell	0		33	simultan
DENKSTIL	reflektiv	11		44	impulsiv
SINNESWAHRNEHMUNGEN	AUDITIV (hören)			33	zuhören
	Auditiv (äußerlich)			33	reden/diskutieren
	Auditiv (innerlich)			33	Selbstgespräche
	VISUELL (Worte)			44	lesen
	Visuell (äußerlich)			78	zusehen/beobachten
	Visuell (innerlich)			56	Vorstellungskraft
	TAKTIL (berühren)			78	manipulieren/anfassen
	KINÄSTHETISCH (äußerlich)			67	selbst erfahren/tun
	Kinästhetisch (innerlich)			56	Gefühl/Intuition
BEWEGUNG	nicht notwendig	11		11	notwendig
KAUEN/ESSEN	kein Bedarf	0		11	wird benötigt
TAGESZEIT	frühmorgens	44		0	vormittags
				11	nachmittags
				56	abends

Verschiedene Altersgruppen, z. B. Teenager (LSA-Oberstufen-Profil) und Berufstätige (WSA-Corporate-Profil), zeigen hinsichtlich der Tageszeit-Präferenzen (und auch auf anderen Gebieten) erhebliche Unterschiede.

WSA-Corporate
WSA German

prepared for: WSA German
CLS   Prashnig Barbara
03/11/2007   Totale Anzahl in der Gruppe = 11

Gruppen Prozentzahlen I (Präferenzen)

Die Grafik zeigt die Prozentzahl von Schülern mit Präferenzen in den folgenden Bereichen:

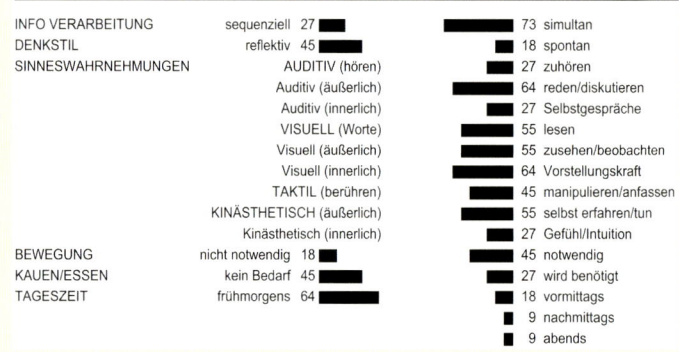

INFO VERARBEITUNG	sequenziell	27		73	simultan
DENKSTIL	reflektiv	45		18	spontan
SINNESWAHRNEHMUNGEN	AUDITIV (hören)			27	zuhören
	Auditiv (äußerlich)			64	reden/diskutieren
	Auditiv (innerlich)			27	Selbstgespräche
	VISUELL (Worte)			55	lesen
	Visuell (äußerlich)			55	zusehen/beobachten
	Visuell (innerlich)			64	Vorstellungskraft
	TAKTIL (berühren)			45	manipulieren/anfassen
	KINÄSTHETISCH (äußerlich)			55	selbst erfahren/tun
	Kinästhetisch (innerlich)			27	Gefühl/Intuition
BEWEGUNG	nicht notwendig	18		45	notwendig
KAUEN/ESSEN	kein Bedarf	45		27	wird benötigt
TAGESZEIT	frühmorgens	64		18	vormittags
				9	nachmittags
				9	abends

Wenn wir mit neuen, schwierigen Situationen konfrontiert sind oder wenn z. B. SchülerInnen sich neuen, schwierigen Stoff erarbeiten sollen, dann wird die Qualität der Reaktion wesentlich vom Biorhythmus mitbestimmt. Dieser zeigt sich u. a. durch unsere Präferenz für verschiedene Tageszeiten.

Stundenpläne folgen auf der ganzen Welt einem ähnlichen Muster: Schwierige Lernfächer werden meist am Vormittag angesetzt, praktische Fächer am Nachmittag. Das steht im Allgemeinen im Einklang mit den Tageszeit-Präferenzen der LehrerInnen, ist aber nicht so günstig für SchülerInnen. Sie haben einen anderen Biorhythmus als Erwachsene und können sich oft am Vormittag nicht gut konzentrieren. Die zwei Gruppenprofile auf der gegenüberliegenden Seite veranschaulichen, wie signifikant die Unterschiede sind, die sich im Übrigen überall wiederfinden. Das stellt für die überwiegende Mehrheit von SchülerInnen der Sekundarstufe einen riesigen Nachteil dar, da sie sich vor dem Mittagessen nur schwer konzentrieren können. In der Volksschule ist die Situation ähnlich. Mit Erfolg wird hier mit dem Stundenplan experimentiert, wie ein Beispiel aus der bereits erwähnten Schule (Forbury Primary School in Dunedin, Neuseeland) zeigt:

1. Stunde: 09:00–10:00 Uhr (10 Minuten Pause)
2. Stunde: 10:10–11:10 Uhr (10 Minuten Pause)
3. Stunde: 11:20–12:20 Uhr (45 Minuten Mittagspause)
4. Stunde: 13:05–14:05 Uhr (10 Minuten Pause)
5. Stunde: 14:15–15.00 Uhr (Ende des Schultags)

Innovativ in Forbury ist weiters, dass in der ersten Stunde generell kein schwieriger neuer Lernstoff durchgenommen wird. Die Stunde wird zur Wiederholung, für praxisorientierten Unterricht und sogar für Sport verwendet. Dies ist natürlich nicht in jeder Schule möglich. Kann auf die Tageszeiten-Präferenz keine Rücksicht genommen werden, dann sollen bei der Erarbeitung von schwierigem Stoff möglichst viele andere Lernbedürfnisse der SchülerInnen einbezogen werden. Einen gewissen Ersatz kann man mit multisensorischen Aktivitäten, Hintergrundmusik und energetisierenden Übungen schaffen.

5

Bedürfnis nach Nahrungsaufnahme und Mundstimulation

Die Forschung hat bestätigt, was wir aus alltäglicher Beobachtung wissen: Analytisch veranlagte, von ihrer linken Hemisphäre bestimmte SchülerInnen empfinden Essen, Knabbern und Trinken eher als Ablenkung und brauchen während Lernphasen keine Mundstimulation.

Holistische, von der rechten Hemisphäre bestimmte SchülerInnen brauchen Mundstimulation, um ihre Konzentration zu stärken. Sie kauen an allem, was in ihrer Reichweite ist – an Kulis, Bleistiften, Papier, Haaren, Kleidungsstücken oder Fingernägeln. Das geschieht besonders, wenn sie ungeduldig, gelangweilt, gestresst oder frustriert sind. Unter Druck wird dieses Verlangen noch größer.

Selbst wenn Essen oder Kaugummikauen im Unterricht verboten sind, werden SchülerInnen mit einem ausgeprägten derartigen Bedürfnis etwas unter ihren Schulsachen oder an ihrem Körper finden, an dem sie kauen können: Schreibzeug und Fingernägel sind schließlich immer in Reichweite. Statt sie zurechtzuweisen, sollte man als LehrerIn dieses biologische Bedürfnis ernst nehmen und es mit den SchülerInnen besprechen. So können Möglichkeiten gefunden werden, die das Bedürfnis befriedigen, jedoch niemanden stören und den Arbeitsplatz nicht verwüsten. Wasserflaschen und gesunde Snacks sollten erlaubt sein; kein Platz ist hingegen in einer guten Lernumgebung für Cola & Co und für Süßigkeiten.

Snacks sind vor allem für SchülerInnen gedacht, deren LSA-Profile ein Bedürfnis nach Nahrungsaufnahme ausweisen. Natürlich wird man darauf achten, dass es zu keiner Störung des Unterrichts kommt und dass die schulischen Leistungen tatsächlich davon profitieren. SchülerInnen, die auf diesem Gebiet flexibel sind, können auf die Pause warten.

Achtung: Eine Kombination des Bedürfnisses nach Nahrungsaufnahme und taktiler Stimulation ist oft ein Indikator dafür, dass diese SchülerInnen dazu tendieren, RaucherInnen zu werden, weil Zigaretten das Bedürfnis nach Finger- und Mundstimulation befriedigen. (Mehr zu diesem Thema in meinem Buch „Learning Styles in Action", Kap. 14.)

5

Bedürfnis nach Hintergrundmusik während des Lernprozesses

Als Hintergrundmusik kommt nur Instrumentalmusik infrage, d. h., das Programm einer beliebigen Radiostation und Popmusik scheiden aus. Um die Hirnaktivität beim Lernen zusätzlich zu stimulieren, empfiehlt es sich, Musik nach dem Tempo auszusuchen. Mit langsamerer Barockmusik und lebhafterer klassischer Musik erzielt man die besten Resultate. Werke der vier unten genannten Komponisten eignen sich nach unserer Erfahrung sehr gut als Hintergrundmusik für Lernphasen.

Barockmusik
Klassische und
romantische Musik

langsam

lebhaft

langsam	lebhaft
Lernen	kreative Tätigkeiten
Lesen	Aufsätze schreiben
Nachdenken	Mindmapping
Wiederholen	Brainstorming

Largo, Adagio, Andante	Moderato, Allegretto, Allegro
Pachelbel	Vivaldi
Albinoni	Mozart

Holistische SchülerInnen mit dominanter rechter Hemisphäre brauchen **akustische Stimulation,** um optimal lernen und sich voll konzentrieren zu können. Analytische, linksdominierte SchülerInnen erleben Geräusche und Hintergrundmusik hingegen als störend und lernen in einer ruhigen Umgebung am besten.

Da die HolistikerInnen in der Volksschule und in der Sekundarstufe gewöhnlich in der Überzahl sind, kann dies für LehrerInnen, die selbst eine ruhige Klasse bevorzugen, zum echten Dilemma werden. Es ist richtig, dass viele SchülerInnen in einer ruhigen Umgebung lernen können, weil sie dafür flexibel genug sind. Diejenigen aber, die eine starke Präferenz für akustische Stimulation haben, werden dieses Bedürfnis **nicht** ignorieren und sich an die Stille in der Klasse **nicht** anpassen können. Wenn sie still arbeiten müssen, schaffen sie sich ihre eigene Geräuschkulisse, die zwar ihre eigene Situation verbessert, von anderen aber oft als Störung erlebt wird.

Als Arbeitshypothese kann gelten, dass laute SchülerInnen akustische Stimulation brauchen. Wie sehr man auch versucht, sie zur Ruhe zu bewegen, sie finden **immer** etwas, mit dem sie die Stille durchbrechen können. Wenn es keine Hintergrundmusik gibt, die ihre Gehirntätigkeit stimuliert, sind Tratschen und andere Geräusche für sie oft die einfachste Methode, zu akustischer Stimulation zu kommen. Es ist deshalb ganz wichtig, dass sich LehrerInnen darüber im Klaren sind, welche Rolle die Musik als Lernhintergrund spielen kann. (Weiteres zum Thema finden Sie in meinen Büchern „Learning Styles in Action", Kap. 15, und „The Power of Diversity", Kap. 6.)

Die wichtigsten Regeln lauten wie folgt:

1. Musik, die im Unterricht verwendet wird, muss immer wohlklingend sein. Dies gilt auch, wenn sie ausschließlich zur Steigerung der Konzentrations- und Lernfähigkeit der SchülerInnen eingesetzt wird und nicht zum Genuss.
2. Der Einsatz von Musik für holistische SchülerInnen darf nicht die Konzentration derer stören, die Ruhe brauchen. LehrerInnen müssen also auf die LS der SchülerInnen achten und sie sorgfältig nach ihren Bedürfnissen in Untergruppen einteilen.

5

Kapitel 6: Schülerfreundliche Klassenzimmer

Trotz modernster technischer Ausstattung sind auch heute noch viele Klassenzimmer traditionell eingerichtet und sehen nicht viel anders aus als vor hundert Jahren. Für SchülerInnen, die eine ganz andere, bequemere Lernumgebung brauchen, sind sie ungeeignet. Möbel, Farben und Beleuchtung spielen eine wichtige Rolle, besonders in Fächern, in denen theoretische, wissenschaftliche Inhalte dominieren. Diese Ausstattungsfaktoren sind häufig der Grund für Lernschwierigkeiten, was aber oft übersehen wird.

Die Einrichtung von LS-Klassenräumen

Forbury Primary School (Dunedin, Neuseeland), eine unserer Referenzschulen: Die formellen und informellen Bereiche in Ober- und Unterstufenklassen sollen die verschiedenen Stilbedürfnisse der SchülerInnen abdecken. Alle Klassenzimmer unterscheiden sich in der Farbgebung und haben hellere Farben für die jüngeren Kinder und gedeckte Farben für die älteren, unruhigeren SchülerInnen. Farbige Stoffe mildern das grelle Neonlicht.

Warum sollten wir unsere Klassen so umbauen, dass sie Wohnzimmercharakter annehmen? Viele Schulen haben doch neue Möbel, eine tolle Computerausstattung und andere Annehmlichkeiten, für die die SchülerInnen (und LehrerInnen) allen Grund haben, dankbar zu sein. Doch trotz Hightech, renovierten Klassenräumen und modernen Schulen werden die schulischen Ergebnisse nicht nur nicht besser, sondern sind in vielen Ländern weiter auf Talfahrt. LS kann hier Hilfe bieten. Die Einrichtung der Klassenräume nach LS-Prinzipien kann einen deutlichen Wandel zum Besseren herbeiführen.

Werden LernStil-Klassenzimmer eingerichtet, verbessert sich die Lernmotivation der SchülerInnen, sie erzielen bessere schulische Leistungen und die Disziplin im Unterricht nimmt zu. Klassenzimmer mit der althergebrachten, formellen Anordnung der Schreibtische und Stühle machen das Lernen nahezu unmöglich, besonders für holistische, „praktisch" veranlagte SchülerInnen mit Schulproblemen. Sie brauchen bequeme Sitzmöbel, gedämpftes Licht, akustische Stimulation und jede Menge Bewegung, um optimal lernen zu können (vgl. auch Seite 52–57).

Die Einrichtung von LS-Klassenräumen ist oft ein langwieriger Prozess, der mit kleinen Neuerungen beginnt und zu dem jeder sein Scherflein beiträgt. Die Neugestaltung entwickelt sich in enger Zusammenarbeit mit den SchülerInnen und mit den Eltern – jedenfalls in der Volksschule – und mit der erweiterten Schulgemeinschaft.

Wenn eine Klasse nach LS-Kriterien geplant wird, empfiehlt es sich, zunächst eine Liste der gewünschten Einrichtungsgegenstände zu erstellen. Damit kann der finanzielle Rahmen abgesteckt und die Finanzierung geplant werden. Nicht aus den Augen verlieren darf man, dass alle Änderungen mit den Resultaten der LS-Analysen der SchülerInnen in Einklang stehen müssen. Diese sind die Zielvorgabe und nicht persönliche Vorstellungen, wie man die Lernumgebung verschönern und kreativer gestalten möchte. Klassenräume sind strikt funktional zu sehen: Sie dienen dem Zweck, dass sich die SchülerInnen beim Lernen wohlfühlen und sich gerne dort aufhalten.

6

Einrichtung von LS-Klassen (Fortsetzung)

Geräte für das Klassenzimmer:	Geräte für die Bibliothek:
5 neue Computer	2 neue Computer
5 Computerkonsolen	2 Computerkonsolen
5 Drehstühle	2 Drehstühle
5 AlphaSmart-Geräte	10 Hörbücher
5 Diktiergeräte	1 Kassettenrekorder mit CD-Player
1 Kassettenrekorder mit CD-Player	1 TV-Gerät mit Videorekorder und DVD-Player
1 Overheadprojektor/Beamer	3 Kopfhörer
3 Kopfhörer	5 CDs mit klassischer Musik
2 Hörbücher	Lernsoftware
6 CDs mit klassischer Musik	Laminiergeräte (für Papier bis DIN A1)
Lernsoftware	

Andere wichtige Einrichtungsgegenstände für das Klassenzimmer (insgesamt drei Klassenzimmer, eine Bibliothek):

2 Couchen
2 Sitzsäcke
2 aufblasbare Kindersitze
1 Wasserspender
1 Magnettafel
1 Schautafel
1 Weißwandtafel mit Stiften
3 Tisch- oder Klemmlampen
6 Tageslichtlampen (60 W)
2 Raumteiler
6 Beistelltische
1 Trolley für große Bücher
2 Plastiktabletts (für Sandbilder)
  Vorhänge oder Rollos
18 Ablagefächer/Aufbewahrungsboxen (eines/eine pro SchülerIn)
3 große Kissen
  Material und Farben zum Basteln von kleinen Kissen für jeden Schüler/jede Schülerin
  Koosh-Ball-Sammlung (2 Mondo, 2 mittelgroße, 10 Mini)
3 Topfpflanzen
1 Set für psychomotorische Übungen in Innenräumen
1 Ventilator (mit Sommer- und Winterfunktion)

Beispiel einer „Wunschliste", konkret für die Einrichtung von LS-Klassen zu Beginn des „Projekts Forbury". Auf unsere Anregung hin und unter unserer Aufsicht wurde sie mit Mitteln des neuseeländischen Bildungsministeriums innerhalb von drei Jahren realisiert.

Der vollständige Bericht der Schuldirektorin findet sich in meinem Buch „Learning Styles in Action", Kap. 23.

Bevor man in neu eingerichteten LS-Klassenräumen zu arbeiten beginnt, ist es äußerst wichtig, dass die LehrerInnen mit den Lernenden einige Dinge besprechen: ihren jeweiligen persönlichen Lernstil, das LSA-Gruppenprofil der ganzen Klasse, ihre neue Lernumgebung, wie man diese am besten zum allgemeinen Nutzen einsetzt, wie man dafür sorgt, dass alles auch in Zukunft in gutem Zustand und jederzeit benützbar bleibt.

Die Grundregeln für LS-Klassenräume:

■ Sehen Sie sich die LSA-Gruppenprofile an. So erkennen Sie, wer einen informellen Arbeitsbereich braucht.

■ Teilen Sie die Ergebnisse den Eltern mit, erklären Sie ihnen, was Sie vorhaben und was der Grund dafür ist. Ersuchen Sie sie, Polstermöbel und andere Einrichtungsgegenstände zu spenden. Sie können höchstwahrscheinlich mit ihrer Mithilfe rechnen.

■ Erklären Sie den SchülerInnen, dass sie Arbeitsaufträge etc. an einem Ort ihrer Wahl im Klassenraum erledigen können. Bedingung ist, dass die Arbeiten fertiggestellt werden, Disziplin gewahrt bleibt und Sie alles überblicken können.

■ Nach der Umstellung auf informelle Arbeitsweisen müssen die schulischen Leistungen mindestens so gut sein wie vor der Umstellung auf eine LS-Klasse, normalerweise sind sie besser.

■ Wer das „Polstermöbel-Privileg" missbraucht und nicht die nötige Selbstdisziplin aufbringt, verliert das Privileg wieder.

■ Niemand darf mit seinen LS-Bedürfnissen KlassenkollegInnen mit anderen Stilpräferenzen in die Quere kommen oder sie stören.

LS-Klassenräume sind in Volksschulen zweifellos leichter einzurichten als in Schulen der Sekundarstufe, wo u. U. verschiedene Klassen ein und denselben Raum benützen. Doch auch hier können verschiedene Lernumgebungen eingerichtet werden, weil die Grundkomponenten dieselben sind und lediglich die BenützerInnen wechseln.

In sehr traditionellen Schulen sind tief greifende Änderungen vonnöten, die nur schrittweise implementiert werden können. Bei umsichtiger Vorgangsweise sind die Resultate positiver, als man es erwartet hat – besonders bei SchülerInnen, die als Problemfälle und Störenfriede gelten.

6

Umgestaltung traditioneller Klassenräume

Selbst auf dem engen Raum eines traditionellen Klassenzimmers kann man verschiedene soziale Gruppierungen und ein Minimum an Privatsphäre ermöglichen

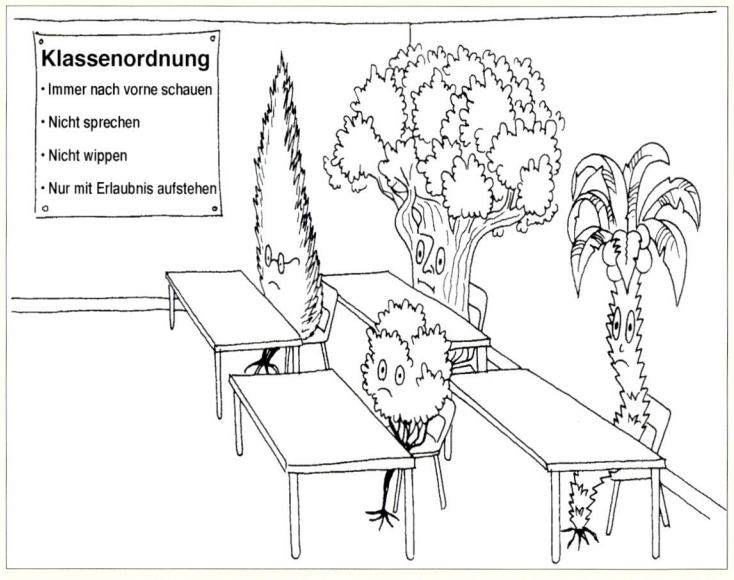

Sobald die Lernstile der SchülerInnen ermittelt und die Ergebnisse besprochen worden sind, gilt es zu überlegen, wie man den gegenwärtigen Klassenraum entsprechend adaptieren kann. Dies sieht nach Zeitvergeudung aus, da in dieser Zeit kein Stoff durchgenommen wird. Sie können jedoch absolut sicher sein, dass keine Zeit verschwendet wird. Denn wenn SchülerInnen an der Neueinrichtung einer Lernumgebung mitgearbeitet haben und dann darin arbeiten können, haben sie zum Ergebnis ihrer Anstrengungen eine ganz andere Beziehung. Sie werden besser lernen, sich wohler fühlen und mit dem Lehrer/der Lehrerin ganz anders zusammenarbeiten.

Lassen Sie zuerst Ihre SchülerInnen einen Plan der Klasse mit ihrer gegenwärtigen Ausstattung zeichnen (u. U. eine gute Übung am Computer). Besprechen Sie dann mit ihnen, wie man die Klasse in eine LS-Klasse umgestalten könnte, die den größtmöglichen Platz für verschiedene Lernbedürfnisse bietet. Sie werden überrascht sein, wie gut Ihre SchülerInnen wissen, was sie wollen und welche Umgebung für ihr Lernen förderlich ist.

Bitten Sie die SchülerInnen um weitere Vorschläge: Wie kann man die Eltern zum Spenden veranlassen? Wie kann die ganze Gemeinschaft zur Einrichtung des Klassenraums mit bequemeren Sitzmöbeln motiviert werden? Wie kann man die Beleuchtung in den informellen Bereichen dimmen? Und so weiter. Es ist unbedingt notwendig, den Schulwart/die Schulwartin und das Putzpersonal mit einzubeziehen. Sie sollen wissen, was hier passiert und warum die Klasse in Zukunft anders aussehen wird. Das verhindert außerdem, dass das Hilfspersonal die Klasse wieder in den ursprünglichen Zustand zurückversetzt.

Jetzt ist es an der Zeit, den SchülerInnen Ihren eigenen Lernstil zu verraten und ihn mit der Mehrheit in der Klasse zu vergleichen. Den SchülerInnen soll bewusst werden, dass sie tolerant gegenüber ihren KlassenkameradInnen mit anderen Lernbedürfnissen sein sollen – so wie Sie tolerant sind gegenüber ihren Bedürfnissen. Dieser Prozess wird dazu führen, dass alle toleranter und flexibler werden.

6

Praktische Tipps zum Workflow in der Klasse

*Der dargestellte Klassenraum wurde umgebaut, um verschiedene Lernbedürfnisse
zu berücksichtigen. Er schließt formelle und informelle Bereiche, Raumteiler, freie
Flächen, Schreibtische ein. Somit können die SchülerInnen allein, in Kleingruppen
oder als große Gruppe auf dem Boden arbeiten.*

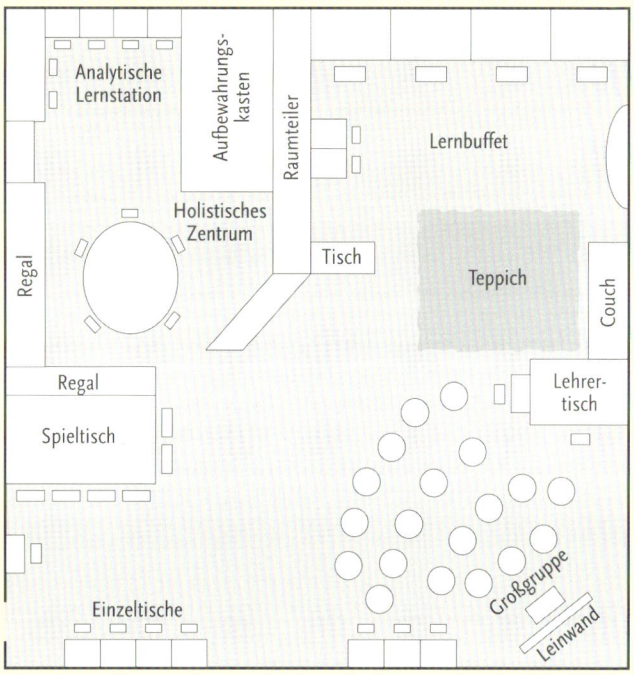

*Ein neu geordneter Klassenraum wie dieser ermöglicht verschiedene Lernsitua-
tionen, von der Einzelarbeit bis zum fallweise erforderlichen Frontalunterricht.
Die SchülerInnen wissen sehr schnell, mit wem sie am besten lernen und welche
Aktivitäten sinnvollerweise zuerst erledigt werden sollen, und sie suchen sich selbst
ihre Arbeitsumgebung. Sie haben Zugriff auf die Lernmaterialien, u. a. solche, die
ihnen Selbstkontrolle ermöglichen.*

*Ein Ziel ist, dass LehrerInnen und SchülerInnen sich im Klassenraum frei bewegen
können. Sofern noch ungenutzter Platz zur Verfügung steht, sollte er für SchülerInnen verwendet werden, die in Ruhe arbeiten wollen. In sehr aktiven Gruppen
ist dies nicht immer leicht.*

Ein LS-Klassenraum ist – das mag für Sie überraschend klingen – einer Küche vergleichbar. In einer Küche folgen alle Tätigkeiten einem bestimmten Arbeitsablauf, der im Hinblick auf ein optimales Ergebnis konzipiert ist. Das gilt auch für Klassenräume. Sie sind der Arbeitsbereich von LehrerInnen und SchülerInnen, die einem jeweils eigenen Arbeitsablauf folgen.

In jedem LS-Unterrichtsraum müssen sich SchülerInnen frei zwischen verschiedenen Arbeitsstationen bewegen können, wo sie LS-Materialien vorfinden. Diese Stationen können für verschiedene Aktivitäten nach den Grundsätzen der multiplen Intelligenz (MI) genutzt werden. Indem die SchülerInnen von einer Station zur nächsten gehen, bewegen sie sich auch, was ihre Präferenzen möglicherweise erfordern. Durch eine solche Anordnung können die Arbeitsaufträge nach den sensorischen Präferenzen der SchülerInnen gereiht werden. Sie beginnen mit ihrem stärksten Sinn und setzen dann ihre anderen Sinne ein, was ihrer Flexibilität zugutekommt. Auf diese Weise können die Lernmaterialien zu verschiedenen Zeiten von allen benutzt werden. Was für eine Gruppe am Beginn des Arbeitszyklus steht, kommt für eine andere später als eine wiederholende oder vertiefende Übung an die Reihe.

Für die LehrerInnen ist es wichtig, einen Schreibtisch zu haben, der (möglicherweise) für SchülerInnen tabu ist. Dieser Tisch befindet sich nicht mehr „vorne" in der Klasse, da es dieses „Vorne" nicht mehr gibt. Dennoch sollte der Schreibtisch an einem strategisch günstigen Punkt stehen, von dem aus das Geschehen in der Klasse jederzeit überblickt werden kann.

Das Unterrichten wird stressärmer, wenn Sie Arbeitsabläufe so planen, dass komplexe Aufgaben einfacher werden. Je besser Sie die Ressourcen und Aktivitäten planen und organisieren, desto gelassener werden Sie selbst im Unterricht erscheinen. Das überträgt sich wieder auf Ihre SchülerInnen. Berücksichtigen Sie in Ihrer Planung verstärkt nicht nur, **was** Sie unterrichten, sondern auch **wie** und **von wo** aus in der Klasse Sie unterrichten. Schließlich ist Ihre Rolle die des „Bühneninspizienten". Je besser Ihre Spielzüge geplant sind, umso offener sind Sie für Spontaneität und Kreativität, ohne deshalb von Ihrem Gesamtplan abweichen zu müssen. Je mehr Vorbereitung, desto mehr Freiheit!

6

Die Bedeutung von verschieden stark ausgeleuchteten Bereichen in der Klasse

Die Gruppenprofile von Erwachsenen (sowohl in Untersuchungen am Arbeitsplatz wie unter SeminarteilnehmerInnen) zeigen generell ein Bedürfnis nach hellem Licht. Für Erwachsene ist es daher unvorstellbar, dass SchülerInnen eine Präferenz für Arbeit bei gedämpftem Licht haben könnten. In der unten angeführten Gruppe braucht die Hälfte helles Licht und kein Gruppenmitglied kann sich bei gedämpftem Licht optimal konzentrieren.

GERÄUSCHE/MUSIK	ruhig	62			15	Töne/Lärm/Musik
LICHT	helles Licht	31			8	gedämpftes Licht
TEMPERATUR	kühl	23			15	warm
LERNBEREICH	formell	31			8	informell/bequem

Bei der Interpretation des Gruppenprofils, das die Flexibilitäten sichtbar macht, stellt sich die Situation noch eindeutiger dar: Alle können mit heller Beleuchtung (31 % Präferenzen und 69 % Flexibilität). Neonlicht ist deshalb für diese Gruppe die optimale Beleuchtung.

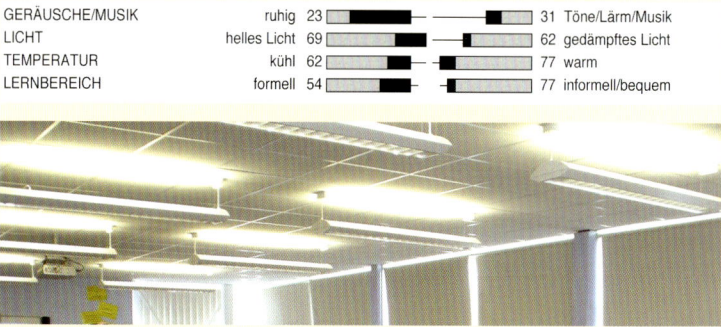

GERÄUSCHE/MUSIK	ruhig	23			31	Töne/Lärm/Musik
LICHT	helles Licht	69			62	gedämpftes Licht
TEMPERATUR	kühl	62			77	warm
LERNBEREICH	formell	54			77	informell/bequem

Ganz anders ist die Situation in dem unten angeführten Gruppenprofil. Hier handelt es sich um Schüler, von denen niemand eine helle Beleuchtung bevorzugt. 93 % können sich bei gedämpfter Beleuchtung konzentrieren. Ähnliche Resultate finden sich regelmäßig in LSA-Profilen in Volksschulen und in der Sekundarstufe. Je jünger die Kinder sind, desto weniger Licht brauchen sie. Dies ist eine Tatsache, die LehrerInnen akzeptieren müssen, obwohl sie selbst oft mehr Licht brauchen.

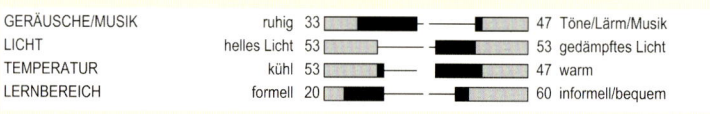

GERÄUSCHE/MUSIK	ruhig	33			47	Töne/Lärm/Musik
LICHT	helles Licht	53			53	gedämpftes Licht
TEMPERATUR	kühl	53			47	warm
LERNBEREICH	formell	20			60	informell/bequem

Nahezu jede Klasse ist mit Neonleuchten ausgestattet, die die meiste Zeit eingeschaltet sind. Dieses helle Licht wirkt auf analytische Lernende stimulierend, sie konzentrieren sich am besten bei künstlichem Licht. Da die meisten LehrerInnen ebenfalls diese Art von Beleuchtung brauchen, sind den wenigsten (es sei denn, sie haben LernStil-Vorbildung) die negativen Auswirkungen von Neonlicht auf die Hirnfunktionen und die Konzentrationsfähigkeit von SchülerInnen bewusst. Es kann gar nicht genug betont werden, dass bei holistischen, von ihrer rechten Hirnhälfte bestimmten SchülerInnen diese Art von Beleuchtung Hyperaktivität, mentalen Stress, Unruhe und eine generelle Überstimulierung auslöst.

Es ist hinlänglich bewiesen, dass sich gedämpftes Licht sehr positiv auf das Schülerverhalten auswirkt. Dennoch zeigt sich in der Praxis, dass es größte Schwierigkeiten bereitet, den Beleuchtungspegel in der Klasse zu senken. Auch wenn LehrerInnen auf die verschiedenen Lernstile eingehen wollen, bereitet ihnen dieser Aspekt ein Problem, da sie selbst für ihre Arbeit helles Licht brauchen.

Vielleicht bringen uns folgende Tipps einer Lösung näher:

1. Beobachten Sie, wer selbst an sonnigen Tagen das Licht aufdreht. Sehr oft sind Sie es selbst – und die SchülerInnen akzeptieren es.

2. Informieren Sie sich anhand der LSA-Gruppenresultate, wer helles und wer gedämpftes Licht braucht und wer flexibel ist.

3. Lassen Sie eine Reihe Neonröhren an und schalten sie die andere aus. Wenn es nur einen Schalter gibt, entfernen Sie die Röhren aus den Halterungen. (Informieren Sie das Schulpersonal von Ihren Absichten, sonst sind die Leuchtröhren am nächsten Tag wieder drinnen.)

4. Drehen Sie das Licht in der lichtärmsten Ecke der Klasse überhaupt ab und überlassen Sie diesen Bereich den Holistikern, den Leseschwachen und MinderleisterInnen (vgl. Abbildung eines gemütlichen, schwach ausgeleuchteten Bereichs auf Seite 74.) Beobachten Sie sechs Wochen lang die Änderungen in ihrem Verhalten und in ihrer Aufmerksamkeitsspanne, und sehen Sie sich dann ihre Leistungen an. Sie werden überrascht sein.

6

Die Bedeutung von verschieden stark ausgeleuchteten Bereichen in der Klasse (Fortsetzung)

Die Klassenräume der St. Vincent Primary School, Birmingham, haben gemütliche, schwach ausgeleuchtete Bereiche und formelle Bereiche mit hellem, künstlichem Licht. Die SchülerInnen wählen ihren Arbeitsbereich nach ihrer LSA-Präferenz für Beleuchtung.

5. Wenn Sie viele SchülerInnen haben, die gedämpftes Licht brauchen, decken Sie große, helle Oberflächen ab, wenn sie nicht verwendet werden. Wählen Sie gedeckte Farben, wenn Ihre SchülerInnen unruhig sind oder wenn bei manchen AD(H)S (Aufmerksamkeitsdefizitstörung mit/ohne Hyperaktivität) diagnostiziert worden ist. Das wirkt beruhigend auf sie.

6. Dunkeln Sie Klassenräume mit vielen Fenstern ab, indem Sie manche Fenster mit Vorhängen oder Rollos versehen. Ideal für diesen Zweck sind transparente, aber dunkle Stoffe oder Seidenpapier.

7. Farbige Stoffbahnen, die in sicherer Entfernung von der Lichtquelle angebracht werden, mildern grelles Neonlicht und haben eine zeltähnliche Wirkung. Durch sie wird die Klasse bunter und gemütlicher (vgl. Abbildung auf Seite 64).

8. Ein vielleicht irritierender Vorschlag: Diejenigen SchülerInnen, deren LSA-Profil eine Präferenz für gedämpftes Licht ausweist, dürfen Sonnenbrillen oder Sonnenvisiere tragen, besonders wenn sie schielen, darum ersuchen oder unter zu viel Licht leiden. Dies ist eine billige, aber sehr wirkungsvolle Hilfe. Überlegenswert ist dies vor allem, wenn die Mehrheit Ihrer SchülerInnen helles Licht braucht.

9. Wenn Sie mit MinderleisterInnen arbeiten, drehen Sie das Licht überhaupt ab und unterrichten Sie (unter Einsatz Ihrer eigenen Flexibilität) einfach bei natürlichem Licht. Beobachten Sie die Auswirkung auf das Verhalten und die Aufmerksamkeitsspanne Ihrer SchülerInnen.

10. Thematisieren Sie Ihren SchülerInnen gegenüber die biologischen Bedürfnisse nach verschiedenen Beleuchtungsverhältnissen. Informieren Sie die Eltern über dieses wichtige Thema, damit sie zu Hause für eine entsprechende Beleuchtung sorgen, wenn die Kinder ihre Hausaufgaben machen. Geschwister haben häufig unterschiedliche Präferenzen bei der Beleuchtung, und Eltern brauchen es sowieso immer heller als ihre Kinder. Was einem Erwachsenen als „normale" Beleuchtung erscheint, ist für viele SchülerInnen viel zu hell.

6

Praktischer Tipp

Sagen Sie Ihren SchülerInnen, wie viel Licht Sie brauchen und dass Sie bereit sind, sich an ihre Bedürfnisse anzupassen – auch wenn es etwas zu dunkel für Sie ist. Man wird Sie dafür lieben!

Die Bedeutung der Farben für das Lernen

Beruhigende Farben im Learning Centre, Cramlington High, UK, mit Platz für kinästhetisches Lernen auf dem Gang.

Ein vormals verwahrloster Innenhof nach seiner Verwandlung in einen Zengarten (Tumbarumba High, NSW, Australien).

Meistens sind Klassenräume entweder übervoll oder die Wände sind kahl. Das Ideal liegt wohl in der Mitte. Zusammen mit den Farben ist das Licht am allerwichtigsten – und am besten sind natürliches Licht und Tageslichtlampen.

Stimmung ist für das Verhalten ebenso wichtig wie Einstellungen. Die Farben in einem Raum „färben" im übertragenen Sinn unmittelbar auf die Gemütszustände von SchülerInnen und LehrerInnen ab. Farben rufen bestimmte Emotionen hervor, und eine zu intensive Farbgebung ist für die Wände eines Unterrichtsraumes nicht geeignet. Es empfehlen sich warme oder kühle Farben, die eher heiter und frei von Grautönen sind.

Dunkle, „warme" Farben geben Klassenräumen eine intime, familiäre Atmosphäre (Rotviolett, Rot, Rotorange, Orange, Terrakotta, Gelborange, Gelb). In Verbindung mit Marineblau erreicht man einen unaufdringlichen, stimulierenden Effekt. Diese Farben sind besonders wirkungsvoll in kalten Klimazonen mit langen Wintern.

Helle, „kühle" Farben (Grün, Blaugrün, Blauviolett; auch Weiß) lassen einen Klassenraum geräumiger erscheinen. Sie haben eine beruhigende Wirkung und sind besonders geeignet für Schulen in wärmeren Klimazonen.

Das Schulambiente kann als Ganzes auf unruhige SchülerInnen beruhigend wirken, besonders wenn das Design mit Überlegung gewählt wurde. Der Anblick von Pflanzen anstelle von Betonoberflächen trägt dazu bei, eine entspannte Atmosphäre zu schaffen – wie der Zengarten auf der gegenüberliegenden Seite zeigt. Der Garten ist zu einem Lieblingsaufenthaltsort der SchülerInnen geworden.

Mehr Information zur Farbgebung findet sich u. a. auf
www.rockymountainprinting.com und www.glidden.com;
mehr Information zur Beleuchtung auf www.narva-bel.de und
www.naturallighting.com.

Tageslicht-Leuchtstoffröhren sind u. a. in Europa unter der Markenbezeichnung True-Light erhältlich.

6

Kapitel 7: Lernstile in der Schule und zu Hause

Die Lernstilbedürfnisse der SchülerInnen variieren je nach Alter, aber sie haben immer einen Lernstil – zu Hause und in der Klasse. LehrerInnen und Eltern sollen diese Stilunterschiede verstehen und den SchülerInnen erlauben, auf ihre eigene Art und Weise zu lernen. Erwachsene sollen Lernunterstützung geben, aber nicht, wie sie es für richtig halten, sondern wie es die jungen Menschen wirklich brauchen, um erfolgreich zu lernen.

Der Einsatz von LS in der Volksschule

Im Lauf der ersten Schuljahre ändern sich die Lernstile tiefgehend. Es ist daher ein großer Vorteil, wenn LehrerInnen mit den Stilpräferenzen ihrer SchülerInnen bereits bei ihrem Schuleintritt vertraut sind. Sie verstehen damit, wie sich biologische Stilmerkmale in einem fort ändern, bis die Kinder in die Sekundarstufe überwechseln.

Björken Volksschule in der Nähe von Stockholm: SchülerInnen dürfen wählen, wo sie sitzen und arbeiten, wenn sie neue, schwierige Inhalte lernen. Es gibt bequeme Möbel, gedämpftes Licht und die Möglichkeit, sich während des Lernens zu bewegen. Diese Mischung trägt besonders bei holistischen Kindern zu nachhaltigem Lernerfolg bei.

Da VolksschullehrerInnen mehr Zeit mit kleineren Gruppen zubringen, haben sie die Möglichkeit, die Kinder ziemlich genau kennenzulernen. Sie glauben deshalb oft, dass sie alle Lernbedürfnisse „ihrer" Kinder kennen. Die Forschung hat allerdings gezeigt, dass nur etwa 60 % des Lernstils einer Person durch Beobachtung fassbar werden, der Rest bleibt unter der Oberfläche.

Das bedeutet, dass es wichtig ist, die LS der SchülerInnen während oder am Ende des ersten Schuljahrs zu überprüfen – und dann noch einmal, wenn die Kinder neun oder zehn Jahre alt sind und die Volksschulzeit zu Ende geht. Innerhalb eines Jahres können sich Präferenzen beträchtlich ändern, die LehrerInnen müssen diese Änderungen im Detail kennen.

LSA-Junior-Profile sind eine große Hilfe, um individualisierte Lernprogramme zu erstellen, besonders für SchülerInnen mit Lernproblemen. Die Version des LSA-Schülerprofils für Eltern enthält wertvolle Informationen über die Lernbedürfnisse des Kindes und wie man es zu Hause am besten fördern kann (mehr darüber auf den Seiten 86–87).

Da Volksschul-Klassenräume generell relativ schülerfreundlich sind, ist es leicht, sie zu LS-Klassen umzubauen. Außerdem wirkt sich das Klassenlehrersystem dabei positiv aus. Körperliche Betätigung bei einem Lernvorgang und bei praktischen Tätigkeiten entspricht den kinästhetisch-taktilen Präferenzen der Kinder. Ohne explizites LS-Wissen kommt es allerdings oft zu Missverständnissen in Bezug auf die Dominanz der rechten Hemisphäre und damit das Verlangen der Kinder nach Bewegung. Statt den besonderen Bedürfnissen in dieser spezifischen Altersgruppe Rechnung zu tragen, werden sie problematisiert, als Verhaltensstörung interpretiert und medikamentös behandelt. Auch das Einbeziehen von SchulpsychologInnen bringt nur selten den gewünschten Erfolg, da es sich um biologische Lernbedürfnisse handelt, die nicht unterdrückt werden können, sondern verstanden werden müssen. Nur eine Anpassung des Unterrichtsstils kann verhindern, dass ernsthafte Verhaltens- und Lernprobleme entstehen.

7

LS in der Sekundarstufe

Tumbarumba High School in Neusüdwales, Australien: Eltern von SchülerInnen helfen mit beim Herstellen von Vorhängen, um in den Klassenzimmern Bereiche mit gedämpftem Licht zu erzeugen.

Holistisches Lernzentrum am Cramlington Community College, Newcastle, UK: Schülerinnen dürfen Snacks essen und haben in ihrer Lernecke die Fenster verdunkelt, um gedämpftes Licht zu haben.

Die Situation in Schulen der Sekundarstufe unterscheidet sich von Volksschule stark. Der Umstellung auf LS steht ein weit unpersönlicheres, wenn auch mit Hightech ausgestattetes Schulambiente gegenüber. Weitere Erschwernisse sind Leistungs-, Stoff- und Prüfungsdruck, Informationsflut und gestresste LehrerInnen und SchülerInnen.

Den LehrerInnen bleiben kaum Zeit und Mittel für individualisierten Unterricht. Deshalb enthält der LSA-Oberstufenreport zusätzlich zur Diagnose der individuellen Präferenzen eine detaillierte Anleitung zum Studieren. Dass der betreffende Schüler/die betreffende Schülerin auf die für ihn/sie optimale Weise lernt, wird so jedem Einzelnen überantwortet. Das setzt dennoch einige Punkte voraus:

a) Die Schule muss die Umgebung zur Verfügung stellen, die optimal auf die natürliche Stilvielfalt der jungen Leute abgestimmt ist.
b) Es muss finanzielle Mittel geben, damit eine LSA wenigstens zweimal im Lauf der Sekundarstufe durchgeführt werden kann.
c) LehrerInnen müssen die Möglichkeit haben, sich im Rahmen von Fortbildungsveranstaltungen die Unterrichtsstrategien anzueignen, mit denen sie auf die Lernbedürfnisse ihrer SchülerInnen reagieren können.

Solange schulische Leistungen und die Disziplin noch erträglich sind, wird eine eingehende Beschäftigung mit LS häufig als Luxus angesehen, den sich die Schule nicht leisten kann. Die Bereitschaft dazu wächst unserer Erfahrung nach erst dann, wenn schlechte Leistungen und Misserfolge dermaßen zunehmen, dass das Schulniveau abzustürzen droht. Dann wendet man sich LS-Praktiken zu. Die LehrerInnen sind meist sehr überrascht, dass sich erste positive Ergebnisse bereits innerhalb von sechs Wochen zeigen. Da LehrerInnen der Sekundarstufe gewöhnlich mit hohen Schülerzahlen konfrontiert sind, sind LSA-Gruppenprofile sehr hilfreich. Sie geben detaillierte Informationen über die Lernbedürfnisse ganzer Klassen. Somit können ganze Gruppen individualisierten Unterricht erhalten, dessen Ergebnisse sich genau kontrollieren lassen.

LSA-Profile verhelfen SchülerInnen zur Einsicht, wie sie in der Schule und zu Hause am besten lernen, wie sie ihre persönlichen Stärken optimal einsetzen und flexibler werden können.

7

Individualisierter Unterricht in Hörsälen und Physik- bzw. Chemiesälen

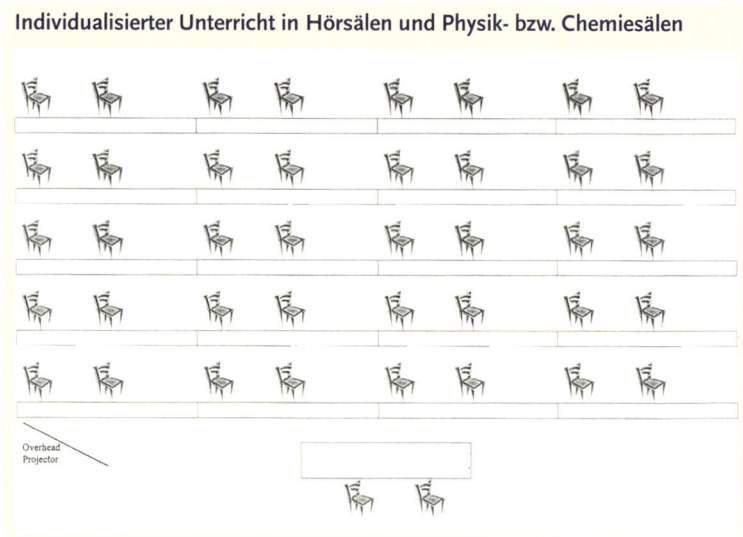

In traditionellen Klassenräumen und laborähnlichen Sälen mit unveränderbarer Bestuhlung ist es schwieriger, eine Umstellung auf LS-Bedürfnisse vorzunehmen. Einen gewissen Ausgleich bieten multisensorische Unterrichtsmethoden, Hintergrundmusik für holistische SchülerInnen, die Möglichkeit für ein gewisses Maß an Bewegung und die Bildung sozialer Gruppierungen nach individuellen Lernbedürfnissen.

Wenn der Unterricht in formellen Klassenräumen und Hörsälen stattfindet, ist es noch wichtiger, dass die SchülerInnen ihren individuellen LS verstehen. Außerdem müssen Sie sich mit ihnen abstimmen, wie ihre speziellen Lernbedürfnisse unter diesen schwierigen Bedingungen berücksichtigt werden können. Das hilft den SchülerInnen, flexibler zu werden und Situationen zu bewältigen, in denen ihr Stil nicht zum Zug kommt.

In Hörsälen

- Immer multisensorische Unterrichtsmethoden einsetzen (Seite 46).
- Gute, bunte visuelle Hilfsmittel mit großer Schrift verwenden.
- Während des Vortrags von analytisch zu holistisch schalten und „Zweigleisigkeit" üben (Seite 38).
- Beleuchtung möglichst so ändern, dass es stark und weniger stark ausgeleuchtete Bereiche gibt (Seite 72).
- Hintergrundmusik einsetzen, um die Hirnfunktion der SchülerInnen zusätzlich zu aktivieren (Seite 62).
- Kurze Pausen für Bewegungsübungen einführen (S. 103 in „Learning Styles in Action").
- Gesunde Snacks und Wasserflaschen: ja; Limonade: nein (Zucker und Lernen vertragen sich nicht).
- Legen Sie nach je 15 bis 20 Minuten Vortrag kurze Phasen (2–3 Minuten) des Meinungsaustausches in der Gruppe ein.
- Setzen Sie auf Interaktivität und Schülerbeteiligung.
- Erinnern Sie die SchülerInnen daran, beim Lernen zu Hause auf ihre Präferenzen und eine passende Umgebung zu achten.

In Labors und Klassen mit unbeweglichem Mobiliar

- Seien Sie sich der LS Ihrer SchülerInnen bewusst.
- Wählen Sie aus den oben angeführten Aktivitäten aus.
- Manche SchülerInnen brauchen in Arbeitsphasen Stille. Erlauben Sie ihnen das Tragen von Kopfhörern oder Ohrstöpseln.
- Fragen Sie die SchülerInnen, wie man mit der bestehenden Umgebung besser zurechtkommen könnte. Sie werden staunen über die sinnvollen und umsetzbaren Vorschläge, die Sie erhalten.

7

Lernstile, Tests und Prüfungen

Was geschieht beim Lernprozess?

AUFNAHME, Verarbeitung, Speicherung von NEUER und/oder SCHWIERIGER Information

Was geschieht bei Prüfungen?

WIEDERGABE von Information, nicht unbedingt durch persönlichen Lernstil

Zwei Dias aus meinem LernStil-Seminar zum grundlegenden Unterschied zwischen Informationsaufnahme und -output. Sie sollen LehrerInnen bewusst machen, dass SchülerInnen, die mithilfe ihrer Präferenzen lernen konnten, bei Prüfungen fast immer glänzen – sie wollen ja ihr Wissen demonstrieren.

Prüfungen sind: Wiedergabe/Output von Information

unter schwierigen Bedingungen, oft mit dem Gehirn im Reptilien-/Überlebensmodus, ABER:

Wenn der Lehrstoff über den persönlichen Lernstil aufgenommen und verstanden wurde (= Informationsaufnahme/INTAKE),

dann kann die Wiedergabe (= OUTPUT) erfolgreich auf verschiedene Weise geschehen – sogar unter Prüfungsdruck.

Forschungsarbeiten mit den ursprünglichen LS-Instrumenten und eine Fülle von Anekdoten und praktischen Erfahrungen mit unseren LSA-Instrumenten beweisen es: Test- und Prüfungsergebnisse werden besser, wenn sich SchülerInnen auf die für sie optimale, LS-orientierte Weise vorbereiten konnten.

Kurz: LS-Unterricht führt zu besseren Noten und Prüfungsergebnissen.

Für uns LehrerInnen sind folgende Punkte maßgeblich:

▪ Während des Vortrags von neuem und/oder schwierigem Stoff sollen wir möglichst auf die (starken) LS-Präferenzen unserer SchülerInnen Rücksicht nehmen. Das garantiert ihre Konzentration, ihre Motivation und das bestmögliche Ergebnis.

▪ SchülerInnen sollen ihren LS und entsprechende Lerntechniken kennen. Aufgrund der Richtlinien in ihrem LSA-Report können sie sich gezielt vorbereiten.

▪ Prüfungserfolge sind sicher, wenn man SchülerInnen dazu ermuntert, im Unterricht und zu Hause auf ihre eigene, unverwechselbare Weise zu lernen.

▪ Bei Tests und Prüfungen ist die Anwendung der LS nicht so kritisch, da die meisten SchülerInnen flexibel genug sind, um auch mit ungünstigen Umständen fertig zu werden. Dies trifft besonders dann zu, wenn das Lernen für die Prüfung von Unterrichtsmethoden begleitet wurde, die den tatsächlichen Lernbedürfnissen der Prüflinge entsprechen. Mithilfe von LS-Strategien lernen SchülerInnen besser, sie verstehen mehr, haben ein höheres Merkvermögen und mehr Selbstvertrauen, mit dem sie auch in Prüfungssituationen ihr Wissen zur Geltung bringen können. Selbst wenn die Prüfung als solche nicht ihrem Lernstil entspricht, sind sie gegen Versagen und gegen Blackouts deutlich besser gerüstet. Denn der mit LS-Techniken erarbeitete Stoff bleibt auch unter Druck besser verfügbar.

7

LSA-Elternversion zur Hilfe bei den Hausaufgaben

 LSA-Junior MINI: Elternversion Willi Verwirrt

Profilzusammenfassung

Willis Präferenzen sind seine Stärken, sofern er sie in schwierigen Lernsituationen nutzen kann; Seine Nicht-Präferenzen werden zu seinen Schwächen, wenn er diese über einen längeren Zeitraum anwenden muss. Das kann zu Frustration, Konzentrationsproblemen, geringer Motivation und Lernschwierigkeiten führen. Wenn Willi auf seine Weise lernen kann, wird ihm das Lernen mehr Spaß machen und seine schulische Leistung wird sich verbessern.

Hauptelemente seines Lernstils
wenn Willi etwas NEUES und/oder SCHWIERIGES lernen muss:

Willis Präferenzen: (Wie er am besten lernt)

HIRNDOMINANZ: sequenziell, simultan, reflektiv, impulsiv

SINNESWAHRNEHMUNGEN: auditiv (hören), auditiv (äußerlich), auditiv (innerlich), visuell (Worte), visuell (äußerlich), visuell (innerlich), taktil (berühren), kinästhetisch (äußerlich), kinästhetisch (innerlich)

PHYSISCHE BEDÜRFNISSE: frühmorgens, vormittags, nachmittags, abends

LERNUMGEBUNG: ruhig, helles Licht, warm, formeller Lernbereich

SOZIALASPEKTE: Lehrerautorität, Elternautorität

EINSTELLUNGEN: Selbststarter, geringe Anpassungsbereitschaft, geringe Verantwortlichkeit, selbst-geleitet

Auszüge aus der Elternversion des LSA-Mini-Profils und -Reports eines Schülers; mit detaillierten Angaben dazu, welche Lernumgebung das Kind zu Hause braucht, um erfolgreich zu lernen.

LERNUMGEBUNG

GERÄUSCHE/MUSIK - Stille: (Präferenz)
Willi braucht absolute Stille beim Sich-Konzentrieren, Lesen oder Schreiben. Er lernt am besten, wenn es absolut ruhig ist im Klassenzimmer. Um seine Konzentration zu verbessern, sollte er in ruhigen Lernbereichen mit Teppichboden bzw. Geräusche dämmenden Bodenbelägen arbeiten. Darüber hinaus sollte er Ohrenstöpsel verwenden, um ablenkende Geräusche auszuschalten. Um ungestört seine Hausaufgaben machen zu können, sollte er einen ruhigen Ort mit wenig Ablenkung aufsuchen.

LICHT – Helles Licht: (Präferenz)
Willi mag helles Licht und arbeitet häufig mit vollständig eingeschalteter Beleuchtung. Seine Konzentration verbessert sich erheblich bei hellem (natürlichem oder künstlichem) Licht. Er sollte seine Schulaufgaben grundsätzlich bei gutem Licht erledigen, zusätzliche Lampen verwenden, an Fenstern sitzen oder seine Arbeiten - wenn möglich - sogar bei Sonnenlicht verrichten.

TEMPERATUR - warm: (Flexibilität)
Willi bevorzugt es, bei warmen und komfortablen Temperaturen zu lernen. Daher lernt er wahrscheinlich während der warmen Monate des Jahres besser. Da es ihm schwer fällt, sich bei einem Kältegefühl zu konzentrieren, ist es wichtig für ihn, dass er zusätzliche Heizkörper einschalten sowie weitere Kleidungsstücke überziehen kann.

LERNBEREICH - formell: (Präferenz)
Willi lernt am besten in einer formellen Umgebung und liest bzw. konzentriert sich besser in einer aufrechten Position in einem Stuhl sitzend am Tisch. Wann immer er sich konzentrieren muss, sollte er dafür sorgen, dass er nicht auf einem zu bequemen Möbelstück sitzt oder liegt - er könnte dabei einschlafen! Eine formelle, büroartige Einrichtung bzw. Lernbereich zu Hause ist am effektivsten für ihn.

Die Elternversion des LSA-Junior und LSA-Oberstufenprofils ermöglicht Eltern einen besseren Einblick in den Lernstil ihrer Kinder. So können sie ihren Kindern dabei helfen, ihre Aufgaben in der für sie optimalen Weise zu erledigen – und nicht unbedingt in der, die von den Eltern als die richtige angesehen wird. Aus der Forschung wissen wir, dass Eltern oft einen völlig anderen Lernstil haben als ihre Kinder. Sie können daher nur schwer akzeptieren, dass die Kinder sehr wohl mit sogenannter „Ablenkung" arbeiten können, z. B. mit Hintergrundmusik, oder der Länge nach auf dem Bett liegend, knabbernd oder sich ständig bewegend. Ob es uns Erwachsenen gefällt oder nicht: So lernen viele holistische, von ihrer rechten Hirnhälfte dominierte Teenager am allerbesten.

Bei der Interpretation von LSA-Profilen ihrer Kinder sollten Eltern auf Folgendes achten:

■ Suchen Sie starke Präferenzen und achten Sie auf die Kombination der Bedürfnisse. Verschiedene Kombinationen verursachen große Unterschiede bei den schulischen Leistungen und im Verhalten.

■ Suchen Sie Nicht-Präferenzen und achten Sie darauf, ob diese mit Ihrem eigenen LS kollidieren – und mit Ihren Überzeugungen, wie man richtig lernt und seine Aufgaben macht.

■ Achten Sie besonders auf Präferenzen und Flexibilitäten in den Sinneswahrnehmungen:
Je mehr starke Präferenzen ein Kind hat, desto leichter fällt es ihm, neue Information aufzunehmen. Je mehr Flexibilitäten es hat, desto mehr hängt sein Erfolg von seinem Interesse am betreffenden Thema und von seiner Lernmotivation ab.

■ Besprechen Sie die LSA-Resultate mit Ihrem Sohn/Ihrer Tochter. Vergleichen Sie sie (idealerweise) mit Ihrem eigenen LSA-Erwachsenenprofil im Hinblick auf Ähnlichkeiten und/oder Unterschiede. Akzeptieren Sie, dass Ihr Kind auf seine eigene optimale Weise lernt, auch wenn sie Ihnen merkwürdig erscheint.

■ Sorgen Sie dafür, dass bei Ihnen zu Hause die bestmögliche Lernumgebung eingerichtet wird (die aufgrund von Stilunterschieden möglicherweise nicht von mehreren Geschwistern geteilt werden kann).

■ Nehmen Sie die Fragezeichen im LSA-Profil Ihres Kindes unter die Lupe. Je mehr Fragezeichen es gibt, umso größer ist der Stress, dem Ihr Kind gegenwärtig ausgesetzt ist. Fassen Sie das als Alarmsignal auf. Es ist möglicherweise ein Hilferuf Ihres Kindes.

7

Wozu sich Lernstile NICHT eignen

HÜTEN Sie sich davor zu glauben, dass alle Ihre SchülerInnen auf die gleiche Weise lernen können wie Sie selbst!

Was sich für Sie beim Lernen bewährt (z. B. schrittweises Vorgehen), kann für Ihre SchülerInnen, die ja u. U. einen völlig anderen Lernstil haben, total verwirrend sein.

HÜTEN Sie sich davor, SchülerInnen nach ihren Präferenzen auf dem Gebiet der Sinneswahrnehmungen zu „etikettieren"!

Es gibt keine „visuellen" und keine „kinästhetischen" SchülerInnen; alle weisen Kombinationen von mindestens zwei (manchmal von sechs und noch mehr) sensorischen Präferenzen auf.

HÜTEN Sie sich davor, sich auf die Nicht-Präferenzen Ihrer SchülerInnen zu fixieren!

Akzeptieren Sie sie und konzentrieren Sie sich auf Präferenzen und Flexibilitäten. Jeder Schüler/Jede Schülerin hat in seinem/ihrem Profil auch Stärken.

HÜTEN Sie sich davor, MinderleisterInnen „abzuschreiben"!

Diese SchülerInnen können mit großen Lernleistungen aufwarten, sobald Sie ihre unorthodoxen Lernstilkombinationen durchschaut und Ihren Unterricht entsprechend angepasst haben.

HÜTEN Sie sich davor, alle Schreibtische aus der Klasse zu entfernen!

Es wird immer einige SchülerInnen geben, die aufrecht an einem Schreibtisch sitzen müssen. Und diejenigen, die legere Sitzgelegenheiten vorziehen, müssen flexibler werden.

HÜTEN Sie sich vor der Erwartung, dass alle SchülerInnen in Ihrem Unterricht gleiche oder ähnliche Lernstile haben!

Studieren Sie das LSA-Gruppenprofil und Sie werden die Stilunterschiede (aber auch die Ähnlichkeiten) sehen, nach denen Sie sich bei der Einteilung der Klasse in Untergruppen orientieren werden.

Eine Art Checkliste für den Einsatz von LS im Unterricht

Erklären Sie den SchülerInnen, dass eine LSA kein Test ist, es gibt kein „Bestehen" und kein „Durchfallen". Erklären Sie auch den Eltern, dass es kein richtiges, kein besseres oder schlechteres LS-Profil gibt.

Akzeptieren Sie, dass jeder LS-Klassenraum einen „legeren" Bereich mit gedämpftem Licht haben muss, wo SchülerInnen entspannt auf Polstermöbeln oder auf dem Boden lernen können. Das ist sogar in der Sekundarstufe möglich.

Vermeiden Sie es, das Licht in einer Klasse aufzudrehen, nur weil Sie es brauchen. Insbesondere jüngere Kinder brauchen viel weniger Licht als Erwachsene, und Neonlicht hat auf sie eine aufputschende Wirkung.

Beteiligen Sie Ihre SchülerInnen am Entwerfen des Designs der bestmöglichen Lernumgebung. Sie sollen mithelfen, eine Klasse einzurichten, in der jeder/jede wirklich optimal lernen kann.

Teilen Sie Ihre SchülerInnen auf Basis ihrer sensorischen Präferenzen in Untergruppen ein. Berücksichtigen Sie weiters ihre anderen Lernbedürfnisse, wenn es darum geht, neuen und/oder schwierigen Stoff zu erarbeiten.

Schalten Sie zwischen holistischen und analytischen Aktivitäten hin und her. Geben Sie zuerst einen Überblick und erst dann die nötigen Details.

Verwenden Sie multisensorische Unterrichtsstrategien, LS-Materialien, „Lern"-Musik als Geräuschkulisse und erlauben Sie denjenigen Snacks und Bewegung, die sie brauchen.

Ermitteln Sie Ihren eigenen Unterrichtsstil. Das wird Ihnen helfen, flexibler zu werden und die Lernbedürfnisse Ihrer SchülerInnen viel problemloser zuzulassen.

7

Kapitel 8: Im Unterricht ALLE SchülerInnen erreichen

Ohne den eigenen Unterrichtsstil zu kennen, ist es für LehrerInnen viel schwieriger, zu SchülerInnen durchzudringen, die einen völlig anderen Lernstil haben. Individualisierter Unterricht benötigt anfangs durch mehr Vorbereitungsarbeit mehr Zeit. Doch die Ergebnisse sind tiefgreifend und haben ganze Schulen, sogar ganze Wohnbezirke verändert. Sich und seinen Unterrichtsstil zu kennen hilft zudem, Stress in der täglichen Unterrichtsarbeit zu reduzieren.

UnterrichtsStil-Analyse (TSA-Ed)
TSA-PYRAMIDE

TSA-Ed-Pyramidenmodell mit ähnlichen Elementen wie in der LSA-Pyramide. Die sozialen Aspekte sind in eine andere Schicht integriert, und eine neue Schicht ist hinzugekommen. Mit dieser sollen die Unterrichtsmethoden bewertet werden, die LehrerInnen einsetzen: die Unterrichtsplanung.

TSA ist ein Werkzeug zur professionellen Selbstentfaltung für Personen in Lehrberufen. Sie basiert wie die LSA auf einem Pyramidenmodell und besteht aus Grafiken, detaillierten persönlichen Befunden und einem Aktionsplan.

Zu jeder Grafik gibt es eine ausführliche Beschreibung der allgemeinen und individuellen Ergebnisse der betreffenden Person. Darauf aufbauend kann für jeden Bereich, in dem Änderungen erwünscht sind, ein Aktionsplan erstellt werden. Das Monitoring-System am Ende hilft dabei, ausgewählte Strategien im Alltag im Blick zu behalten. So kann man feststellen, welche Fortschritte man macht und wo nachgebessert werden muss.

 **UnterrichtsStil Analyse**   Susanne S.

INDIVIDUELLER REPORT UND RICHTLINIEN ZUR BERUFLICHEN ENTFALTUNG

Grafik 1: Ihr individueller Unterrichtsstil - Gesamtergebnisse

-50 bis -20
Wenn Ihr Ergebnis für eines der Gebiete zwischen -50 und -20 liegt, dann bedeutet das, dass Ihr Unterrichtsstil auf diesem speziellen Gebiet als traditionell or stark analytisch bezeichnet werden kann. Sollten die meisten Ergebnisse in diesem Bereich liegen, dann ist das u. U. ein Warnsignal, dass Sie noch einen formalen, wenig zeitgemäßen Unterrichtsstil praktizieren, der möglicherweise bei der Mehrzahl Ihrer SchülerInnen/StudenInnen nicht ankommt. Damit Sie sich ein genaueres Bild von den echten Lernerfordernissen Ihrer SchülerInnen/StudentInnen machen können, sollten Sie ihre Lernstile ermitteln lassen. Wenn Sie die LSA-Profile Ihrer SchülerInnen/StudentInnen einsehen können und selbst in entsprechender neue Unterrichtsmethoden einsetzen, dann wird es Ihnen möglich sein, Ihren Unterrichtsstil auf die individuellen Stile der Informationsaufnahme Ihrer SchülerInnen/StudentInnen abzustimmen. Wenn Sie eine Unterrichtseinheit planen und realisieren, denken Sie einfach daran, wie verschieden die Menschen sind. Dies wird Ihnen wahrscheinlich den Aufstieg in die nächsthöhere Kategorie ermöglichen - flexibel/anpassungsfähig.

-20 bis +20
Wenn Ihr Ergebnis für eines der Gebiete zwischen -20 und +20 liegt, dann kann Ihr Unterrichtsstil auf diesem speziellen Gebiet als flexibel bezeichnet werden; möglicherweise wandelt sich Ihr Stil auch gerade von einem traditionellen/formalen/frontalen zu stärker auf das Individuum abstellenden, holistischen Lehrmethoden; Sie haben wahrscheinlich auch eine ausgeprägte Fähigkeit, auf die Lernbedürfnisse Ihrer SchülerInnen/StudentInnen einzugehen.
Wenn die meisten Ergebnisse bei Ihnen in diesem Bereich liegen, dann durchleben Sie eben eine spannende Phase Ihrer beruflichen Entwicklung, die von Experimenten, Kreativität, Lernprozessen und Sich-vorwärts-Tasten gekennzeichnet ist. Wir wünschen Ihnen Mut zu Ihrer persönlichen und beruflichen Entfaltung. Sie sind auf dem richtigen Weg.

+20 bis +50
Wenn Ihr Ergebnis für eines der Gebiete zwischen +20 und +50 liegt, dann kann Ihr Unterrichtsstil auf diesem speziellen Gebiet als schülerzentriert oder holistisch bezeichnet werden. Wenn die meisten Ergebnisse bei Ihnen in diesem Bereich liegen, dann beherrschen Sie bereits die neue, auf einer Erkenntnis der Verschiedenartigkeit menschlichen Lernens und menschlicher Kreativität beruhende Unterrichtsmethodik. Wir gratulieren und wünschen Ihnen viel Freude in Ihrem Beruf.

1A. UNTERRICHTSMETHODIK (multisensorisch)

Diese Grafik beschreibt den Umfang, in dem Ihre Unterrichtsmethoden die verschiedenen Sinne Ihrer SchülerInnen/StudentInnen ansprechen; dieser Umfang korrespondiert gewöhnlich signifikant mit Ihrem individuellen Lernstil. Die Ergebnisse beziehen sich auf die Art und Weise, wie Sie Wissen an Ihre SchülerInnen/StudentInnen unter Stimulierung ihrer Sinne vermitteln.

IHR INDIVIDUELLES ERGEBNIS

Ihre gegenwärtig verwendeten Unterrichtmethoden bewegen sich, was die Berücksichtigung der sensorisch gesteuerten Lernbedürfnisse Ihrer SchülerInnen/StudentInnen betrifft, offenbar in einem Bereich, der von traditionell/analytisch bis zu flexibel/anpassungsfähig reicht. Halten Sie bitte unbedingt an den Methoden fest, die den individuellen Lernbedürfnissen entgegenkommen. Ihre Flexibilität macht es Ihnen möglich, auf die verschiedenen Lernstile einzugehen, die Sie an Ihren SchülerInnen/StudentInnen wahrnehmen, wenn sie ihre sensorischen Präferenzen während des Lernens offenbaren. Auf manchen Gebieten verwenden Sie allerdings noch traditionelle, analytische Methoden für alle SchülerInnen/StudentInnen. Eine wertvolle Hilfe bei der Ermittlung der Unterrichtsmethoden, die vom sensorischen Angebot her am besten zu den Lernbedürfnissen Ihrer SchülerInnen/StudentInnen passen würden, besteht darin, ihre Lernstile ermitteln zu lassen und dann ihre tradionellen Unterrichtsstrategien entsprechend zu verändern.

91

8

UnterrichtsStil-Analyse – Persönliches Profil

Grafik 1: Unterrichtsstil

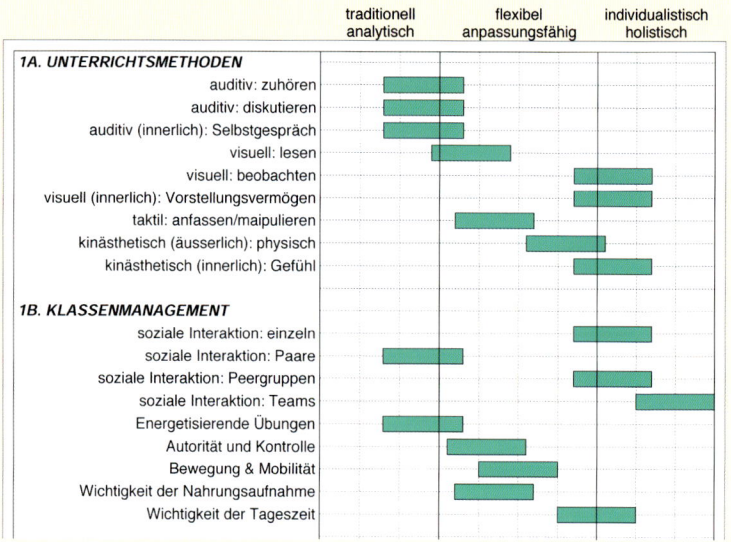

Grafik 2: Dominanz der Hirnhälften

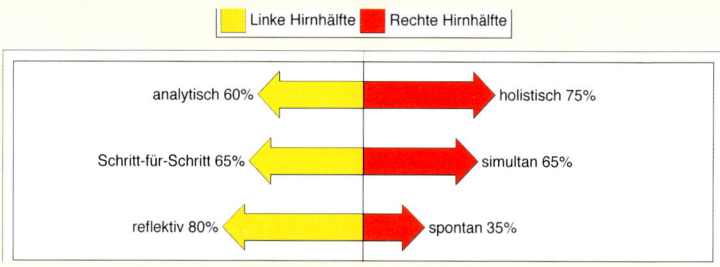

Mit der UnterrichtsStil-Analyse (TSA) können sich LehrerInnen vergewissern, ob ihr Unterrichtsstil im Einklang mit den Lernbedürfnissen ihrer SchülerInnen ist.

Mehr Information finden Sie in meinem Buch „Learning Styles in Action" (Kap. 4) oder auf www.creativelearningcentre.com.

Grafik 3: Berufsbezogene Eigenschaften

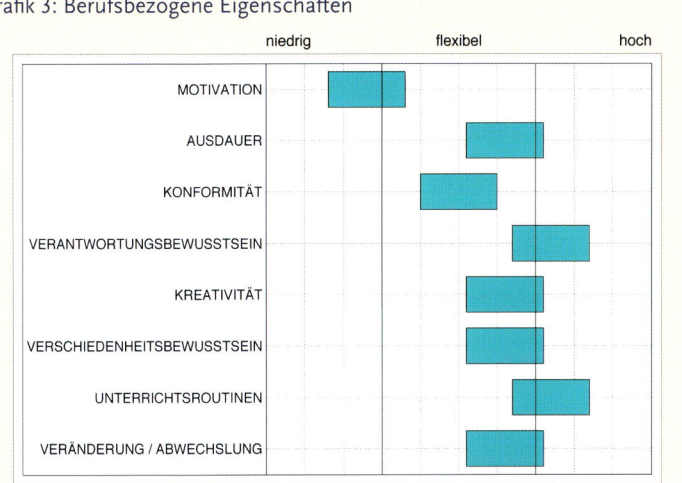

Bitte beachten Sie: Die obige Grafik zeigt Elemente, die beeinflusst oder geändert werden können. Wenn das Ergebnis in dem mit FLEXIBEL bezeichneten Bereich liegt, dann bedeutet es, dass sich diese Haltungen je nach Situation ändern können.

Der Lernstil einer Person hat entscheidenden Einfluss auf ihren Unterrichtsstil. Generell unterrichten LehrerInnen auf dieselbe Weise, wie sie Information aufnehmen. Die Erkenntnisse aus der UnterrichtsStil-Analyse können in den Aktionsplan eingegeben werden. Dieser ist ein Teil dieses Instruments. Mit seiner Hilfe kann die betreffende Person ihre Flexibilitäten entwickeln und neue Unterrichtsstrategien, um besonders diejenigen SchülerInnen zu erreichen, die einen grundlegend anderen Lernstil haben.

MEIN MAßNAHMENKATALOG ZUR SELBSTENTFALTUNG 2:

1. **WAS** kann ich tun, um meinen analytischen / holistischen Stil, meine sequenzielle / simultane Verarbeitungstechnik, meinen reflektierenden / impulsiven Denkstil ins Gleichgewicht zu bringen / zu integrieren / zu verstärken / abzuschwächen? (mein **ZIEL**)
2. **WIE** werde ich das bewerkstelligen? (meine **MAßNAHMEN**)
3. **WANN** werde ich diese Maßnahmen treffen, um mein Ziel zu erreichen? (mein **ZEITLICHER RAHMEN**)

IM UNTERRICHT:
1. WAS?

2. WIE?

3. WANN?

AUßERHALB DES UNTERRICHTS:
1. WAS?

2. WIE?

3. WANN?

8

Dieses sehr informative Interpretationshandbuch hilft PädagogInnen, verschiedenste Stilelemente ihrer SchülerInnen besser zu verstehen. Außerdem bietet es praktische Hilfestellungen und Tipps für die tägliche Arbeit mit Lernstilen im Unterricht. Es kann sowohl für Einzel- als auch Gruppenprofile verwendet werden.

UnterrichtsStil Analyse

Susanne S.

GRAFIK 2: Dominanz einer Hirnhemisphäre

Die Kategorien dieser Grafik sind in drei Gruppen eingeteilt:
Ein hohes Ergebnis in jeweils einer dieser Gruppen weist auf die Bevorzugung eines bestimmten Denkstils, einer mentalen Technik und einer Grundhaltung hin, die Sie Ihrer Unterrichtsarbeit gegenüber einnehmen.

Ähnliche Ergebnisse innerhalb der Gruppen (z.B. 60% für "analytisch", 66% für "holistisch") deuten darauf hin, dass Sie zwischen diesen beiden Modi hin und her wechseln können.

Hohe Ergebnisse beim Einsatz sowohl der linken wie der rechten Hirnhälfte (80% und höher) deuten darauf hin, dass Sie in Ihren mentalen Techniken eine hohe Integration erreicht habe und beide Hemisphären gleich stark einsetzen.

IHRE INDIVIDUELLEN ERGEBNISSE

Analytisch - holistisch
Sie haben es ganz offenbar geschafft, einen hohen Grad von Integration in Ihrem Stil zu erreichen. Sie schaffen es, Logik, argumentatives und analytisches Denken mit Intuition, Emotion und Kreativität in Ihrer täglichen Arbeit mit Ihren SchülerInnen/StudentInnen zu verbinden. Dies ist zweifellos eine große Leistung. Das bedeutet, Sie vermögen ein Gleichgewicht herzustellen zwischen "ernsthaftem" Lernen und sozialer Interaktion unter Ihren SchülerInnen/StudentInnen, und Sie ermöglichen es ihnen, den Lernstoff mit ihren persönlichen Erfahrungen zu verknüpfen. Sie nehmen ihre Bedürfnisse ernst und lassen ihnen zugleich die Möglichkeit, im Unterricht auch Spaß zu haben. Wohl aufgrund Ihres Wissens um die unterschiedlichen Lernbedürfnisse Ihrer SchülerInnen/StudentInnen zeichnen Sie gewöhnlich zuerst das "große Bild", liefern erst dann die Details, Richtlinien und Anweisungen nach und runden den Lernvorgang mit einer Art Zusammenfassung ab: so machen Sie es den unterschiedlichen Typen von Lernenden möglich, mit
Erfolg am Unterrichtsgeschehen teilzunehmen.
Wenn SchülerInnen/StudentInnen Hilfestellung brauchen, dann sind Sie gern bereit, diese zu leisten; in der Regel lassen Sie sie jedoch die Lösung eines konkreten Problems auf ihren eigenen Wegen finden. Ihr Stil reicht von formell bis entspannt, je nach der Situation. Sie sind fähig, zu Ihren SchülerInnen/StudentInnen gute Beziehungen aufzubauen und zu unterhalten, und die Disziplin in Ihren Klassen ist gewöhnlich gut, weil Sie Vertrauen zu Ihren SchülerInnen/StudentInnen haben und alles dazu tun, um ihre Selbstdisziplin und ihre Eigenverantwortlichkeit für den Lernprozess zu stärken. Ihre Grundhaltungen reichen von unkonventionell bis traditionell, und Sie scheinen genau zu wissen, welche welchen Typen von SchülerInnen/StudentInnen gegenüber angebracht sind. Um Ihren bereits hochintegrierten Stil noch weiter zu verfeinern und um Ihren Unterrichts- und Denkstil noch genauer auf die tatsächlichen Lernbedürfnisse Ihrer SchülerInnen/StudentInnen abzustimmen, wäre es vorteilhaft, ihre persönlichen Lernstile zu
kennen. Aufgrund der Ergebnisse ihrer LSA™ können Sie noch genauer auf ihre Bedürfnisse als Individuen und als Gruppen eingehen und Ihre Fähigkeit, von einem analytischen Stil zu einem kreativen/holistischen umzuschalten mit noch größerer Sicherheit einsetzen.

Wenn Sie sich entschließen, die Aktionspläne für Ihre berufliche Weiterentwicklung zu verwenden, ist es empfehlenswert, sich jeweils nur auf einen Bereich zu konzentrieren. Sonst verliert man leicht den Überblick.

MEIN PERSÖNLICHES MONITORING SYSTEM

Nennen Sie bitte das Gebiet/die Gebiete, auf denen Sie vorhaben, Ihren **persönlichen Maßnahmenkatalog** zu implementieren und notieren Sie dann Stichworte zu Ihren neuen oder modifizierten Strategien, Methoden, Ansätzen, Interaktionen mit Ihren SchülerInnen/StudentInnen / Vorgesetzten / KollegInnen.
Um das gewünschte Ziel im Unterricht (und in anderen schulischen Situationen) zu erreichen, ist es notwendig, dass Sie Ihre neuen Strategien / Methoden / Verhaltensmuster **mindestens 31 Tage lang** durchhalten. Wenn Sie dieses Monitoring System als Arbeitsblatt für den Schulalltag verwenden wollen, dann können Sie den Platz, der für Anmerkungen vorgesehen ist, dazu benützen, Ihre neuen Strategien 31 Mal zu kommentieren.

Maßnahmenkatalog:

Ziel:

Maßnahme:

Datum: **Anmerkungen:**

1

2

3

Natürliche Übereinstimmung zwischen Unterrichts- und Lernstil

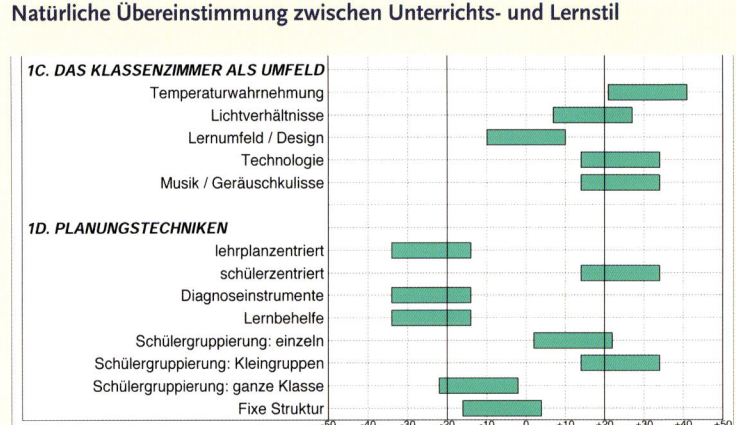

Die Resultate in diesem UnterrichtStil-Profil zeigen, dass der Lehrer/die Lehrerin sehr lernstilbewusst ist, was das Klassenzimmer betrifft. Er/Sie ist offenbar bereit, auf die Lernbedürfnisse der SchülerInnen in beiden Gruppen einzugehen. Dies ist eine positive natürliche Übereinstimmung.

Im Bereich der Planungstechniken trifft der Unterrichtsstil jedoch nur teilweise die Bedürfnisse der SchülerInnen im sozialen Bereich: Kleingruppenarbeit findet zwar häufig statt, aber es wird zu viel Einzelarbeit geplant und ausgeführt. Dies ist in starkem Gegensatz zu den Präferenzen der SchülerInnen, denn nur wenige können alleine am besten lernen. Da auch (noch) keine Diagnoseinstrumente verwendet werden, ist es nahezu unmöglich, die natürlichen Lernstilkombinationen richtig einzuschätzen und Unterrichtsmethoden anzuwenden, die für alle SchülerInnen passend wären. LSA- und TSA-Instrumente können dabei eine große Hilfe sein.

Gruppe A:

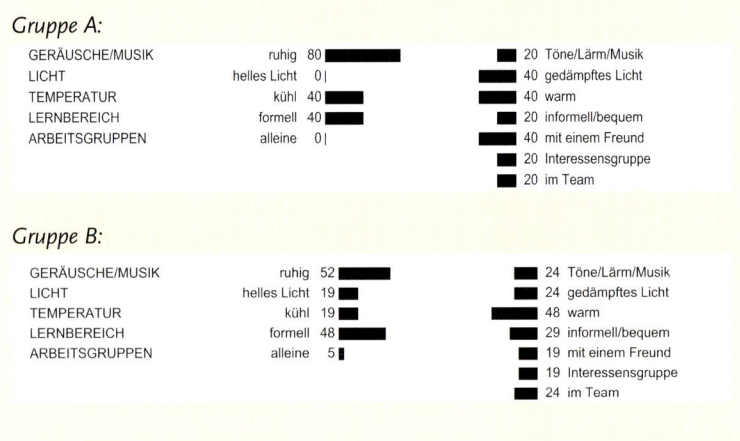

Gruppe B:

Alle LehrerInnen und SchülerInnen erinnern sich an positive Lernsituationen, die sie genossen und die gute Ergebnisse gebracht haben. Diese Situationen stellen sich dann ein, wenn Unterrichts- und Lernstil in natürlichem Einklang stehen, wenn den SchülerInnen Stoff so präsentiert wird, dass ihre Präferenzen vom genau passenden Unterrichtsstil angesprochen werden. Das Gefühl sagt uns in diesem Fall, dass wir „auf der gleichen Wellenlänge" sind, dass wir drauf und dran sind, das Gefühl für die Zeit zu verlieren, weil wir einen mentalen Höhenflug erleben, der nie enden soll. Alle TeilnehmerInnen sind im Zustand des „Flow".

Dies ist, wie wir wissen, in der Schule die Ausnahme und nicht die Regel. Leider ist Unterrichten meistens eine Geschichte von Zufallstreffern. Das führt bei vielen LehrerInnen zu Frustration, Stress und Depression – und zu analogen Reaktionen auf der Seite der SchülerInnen und Eltern. Das vorhersagbare Ergebnis sind schlechte Leistungen und Schulversagen.

Damit muss man sich jedoch nicht abfinden. Wenn LehrerInnen auf die Lernstilpräferenzen ihrer SchülerInnen Rücksicht nehmen und sich LS-Techniken aneignen, kommt es in ganzen Klassen immer wieder zur oben beschriebenen Übereinstimmung. Lernerfolg und Zufriedenheit sind in Reichweite.

Wichtige Vorbedingungen, um Unterricht und Lernverhalten aufeinander abzustimmen, sind LSA-Gruppenprofile, LS-Klassenräume mit informellen, bequemen Bereichen (wie im Bild auf der gegenüberliegenden Seite) und LS-Lernmaterialien. Ebenso wichtig ist es, dass LehrerInnen akzeptieren, dass die Lernstile der SchülerInnen sehr verschieden sind.

Regelmäßige kinesiologische Übungen tragen dazu bei, dass SchülerInnen mental fit bleiben, und sind deshalb sehr zu empfehlen. Sie fördern das Zusammenspiel von rechter und linker Hirnhälfte. Mehr Information zum Thema in meinem Buch „The Power of Diversity" (Kap. 6).

8

Wie man LS-Programme in der Schule einführt
12 Schritte zum Erfolg

1. **Beginnen** Sie mit einem eintägigen LS-Training vor Ort.

2. **Ermitteln** Sie die Lernstile Ihrer SchülerInnen mit dem LSA-Instrument.

3. **Interpretieren** Sie (evtl. unter Mithilfe einer Person, die schon LS-Erfahrung hat) die Ergebnisse.

4. **Richten** Sie einen Beobachtungszeitraum ein, der mindestens sieben Schultage umfasst.

5. **Besprechen** Sie die LSA-Ergebnisse mit Ihren SchülerInnen, veranstalten Sie einen Elternabend.

6. **Beginnen** Sie mit dem Einsatz multisensorischer Unterrichtsmethoden, teilen Sie die SchülerInnen ihren Präferenzen entsprechend in Untergruppen ein.

7. **Adaptieren** Sie Ihre Unterrichtsmethoden, sodass analytische und holistische SchülerInnen in gleicher Weise angesprochen werden.

8. **Beginnen** Sie mit dem Umbau der Klasse nach Maßgabe der Gruppenprofile. Beteiligen Sie die SchülerInnen am Design.

9. **Fangen** Sie an, LS-Materialien zu verwenden. Ermutigen Sie Ihre SchülerInnen, selbst Materialien zu entwickeln.

10. **Dokumentieren und bewerten** Sie die Veränderungen sorgfältig.

11. **Lassen** Sie noch mehr SchülerInnen und LehrerInnen an der neuen LS-Strategie der Schule teilnehmen.

12. **Zeigen** Sie als Modellschule anderen Schulen, wie LS umsetzbar ist.

Die gegenüber angeführten Strategien wurden von LehrerInnen und ganzen Schulen in verschiedenen Ländern bereits mit Erfolg angewendet. Als Orientierungshilfe werden folgende Punkte empfohlen:

1. Verwenden Sie bereits vorhandene schulische Ergebnisse (z. B. in Mathematik, Deutsch, Lesen) oder führen Sie in einigen Fächern eine Leistungsfeststellung durch, bevor das geplante LS-Programm eingeführt wird. Ermitteln Sie die Lernstile Ihrer SchülerInnen und unterrichten Sie dann mindestens drei Monate lang nach dem LS-Programm. Führen Sie eine Leistungsfeststellung in denselben Fächern durch. Setzen Sie das LS-Programm noch einmal drei bis sechs Monate lang fort und führen Sie dann eine abschließende Leistungsfeststellung in denselben Fächern durch. Durch den Vergleich schulischer Leistungen vor und nach der Einführung der LS-Intervention können Leistungsentwicklungen statistisch belegt werden.

2. Richten Sie eine Versuchs- und eine Kontrollgruppe ein. Verschaffen Sie sich bei beiden Gruppen einen Überblick über die Einstellung der SchülerInnen, das Verhalten, die Lernmotivation, die generelle Disziplin und über weitere Bereiche, die für die Klassen- bzw. Schulentwicklung wichtig sind. Ermitteln Sie die Lernstile in der Versuchsgruppe und unterrichten Sie dann in den nächsten drei Monaten diese Gruppe gemäß ihren LS. Die Kontrollgruppe unterrichten Sie in dieser Zeit weiter wie bisher. Dokumentieren Sie alle Veränderungen in der Versuchsgruppe. Verschaffen Sie sich nochmals in beiden Gruppen einen Überblick auf denselben Gebieten wie am Anfang und vergleichen Sie die Resultate.

3. Stellen Sie eine Gruppe von MinderleisterInnen zusammen. Dokumentieren Sie ihre bisherigen schwachen Leistungen in Lernfächern. Ermitteln Sie mit LSA ihre Lernstile und mit TSA den Unterrichtsstil ihrer LehrerInnen. Achten Sie auf natürliche Übereinstimmungen. Unterrichten Sie mindestens drei Monate lang (optimal ist ein Jahr) die gesamte Gruppe mit Techniken, die ihren Präferenzen entsprechen. Führen Sie wie gewohnt am Ende des Trimesters/Semesters/Schuljahres eine Leistungsfeststellung durch. Dokumentieren Sie die Veränderungen und vergleichen Sie die Ergebnisse.

Alle werden über die positiven Veränderungen staunen!

Zusammenfassung: Individualisierter Unterricht

Die folgenden Statements stammen aus Coachingsitzungen und eignen sich fast als Credo für LehrerInnen:

Ich bin eure Lehrerin/ euer Lehrer und werde:

- euch unterstützen
- euch ermutigen
- euch herausfordern
- euch zuhören
- ehrlich zu euch sein
- euch respektieren
- von euch lernen
- die besten und erfolgreichsten Unterrichtsmethoden verwenden, die ich kenne

ABER: Ich werde nicht alles für euch machen.

Unsere Klasse ist:

- sicher und positiv
- ein Ort, wo man Spaß hat
- aktiv und interessant
- ein Ort, wo es Unterstützung gibt
- ein Umfeld, in dem ihr immer Fragen stellen könnt, ohne ausgelacht zu werden

Schülermotivation

Mithilfe der LSA-Instrumente kann man ermitteln, ob SchülerInnen von außen oder selbstmotiviert sind. Nur wenn sie von außen motiviert sind, kann man sie mit Belohnungen verschiedenster Art zu besseren Leistungen anspornen. Wenn sie selbstmotiviert sind, spielen Belohnungen für sie keine Rolle. Werden doch welche angeboten, dann wirken sie oft kindisch und zusätzlich demotivierend.

Für von außen motivierte Kinder funktioniert die traditionelle „Zuckerbrot und Peitsche"-Methode gut. Für selbstmotivierte SchülerInnen liegt die Lösung vermutlich in einer individualisierten Vorgangsweise. Wahrscheinlich haben sie den Willen zu lernen, aber nicht auf die Weise, welche die LehrerInnen von ihnen erwarten. Oder der (für sie) langweilig vorgetragene Stoff interessiert sie nicht. Interne Motivation ist der stärkste Antrieb, vorausgesetzt, sie wird richtig gelenkt.

Bedürfnis nach Struktur und Abwechslung

Achten Sie auf die Ergebnisse Ihrer SchülerInnen in den Bereichen „Struktur/ Führung" und „Abwechslung". Legen Sie großes Augenmerk darauf, diesen Bedürfnissen im Unterricht bestmöglich entgegenzukommen. Wenn sie sich selbst organisieren wollen und keine direkte Führung von Ihnen erwarten, dann geben Sie ihnen die Möglichkeit, sich selbst zurechtzulegen, wie sie an eine Aufgabe herangehen.

Zur Erinnerung

Es gibt keinen „guten" oder „schlechten" Lernstil, nur den „richtigen" für ganz konkrete SchülerInnen (oder Gruppen von SchülerInnen). Auch Sie haben einen individuellen Lernstil, der sich auf Ihren Unterrichtsstil überträgt. Darum wird dieser Unterrichtsstil auch nicht für alle SchülerInnen der richtige sein. Seien Sie flexibler, es erspart Ihnen sehr viel Stress!

Und zum Abschluss

Genießen Sie die Stilvielfalt in Ihren Klassen. Hören Sie nie auf, sich neue Methoden anzueignen, um alle SchülerInnen zu erreichen. Sie wollen alle lernen – aber eben alle auf ihre ganz persönliche Weise.

8

Weitere Informationen finden Sie auf folgenden Webseiten

www.archiv-der-zukunft.de (Dr. Manfred Spitzer – Gehirn & Lernen)
www.begabtenzentrum.at (Zentrum für Begabtenförderung)
www.birkenbihl.de (gehirngerechtes Lernen)
www.brainstore.co.uk (making learning fun)
www.brainexpo.com (brain-based learning & teaching)
www.brainconnection.com (brain science and learning)
www.C4lifelonglearning.co.za (learning & working styles)
www.clubztutoring.com (home tutoring services)
www.deutscher-schulpreis.de (Wettbewerb innovative Schulen)
www.eurydice.org (information on education in Europe)
www.findarticles.com (underachievers)
www.funwork.cl (learning techniques)
www.klassezukunft.at (Informationsplattform BMUKK)
www.ldpride.net (learning styles)
www.inis.stiftung.bertelsmann.de (innovative Schulen Deutschlands)
www.mckergow.com (research on music and learning)
www.mein.net/netzwerk (selbstbestimmtes Lernen)
www.narva-bel.de (full-spectrum lighting)
www.popperschule.at (Begabtenförderung)
www.schulpreis.bosch-stiftung.de (Standards zur Schulentwicklung)
www.skyscapes.biz (panels for diffusing light)
www.smartkids.co.uk (self-correcting learning tools)
www.songsforteaching.com (music and learning)
www.themindgym.com (learning enhancing exercises)
www.treeof.com (fun learning tools)

Danksagung

Ich freue mich über das Erscheinen meines ersten Buches auf Deutsch. Dies wäre ohne den großen Enthusiasmus des TRAUNER Verlages und seiner Mitarbeiter nicht möglich gewesen, da sich die Übersetzung in meine Muttersprache schwieriger gestaltete als zunächst gedacht. Ich danke dem Verlag für die professionelle Unterstützung.
Besonders möchte ich all jenen meinen Dank aussprechen, die bei ihrer täglichen Arbeit in den Schulen den Mut aufbringen, neue Konzepte wie die LernStile in die Tat umzusetzen, und unsere Arbeit damit voranbringen. Es ist mir unmöglich, all die fortschrittlichen Lehrerinnen und Lehrer in den verschiedensten Ländern einzeln aufzuzählen, die durch ihre Erfahrungsberichte und ihr Feedback zu meinen Büchern und nicht zuletzt zu diesem Ratgeber beigetragen haben. Führen Sie diese gute Arbeit fort!

Weiterführende Literatur

Birkenbihl, Vera F.: Stroh im Kopf? Vom Gehirn-Besitzer zum Gehirn-Benutzer. Mvg Gabal Verlag, Heidelberg 2006.

Claxton, Guy: Building Learning Power. Network Press, Stafford 2002.

Dunn, Rita and Griggs, Shirley: Synthesis of the Dunn and Dunn Learning-Style Model Research: Who, What, When, Where, and So What? St. John's University, Jamaica, New York 2003.

Jensen, Eric: Teaching With the Brain in Mind. Association for Supervision & Curriculum Development, 1998.

Kühn, Lotte: Das Lehrerhasserbuch: Eine Mutter rechnet ab. Knaur, München 2005.

Kühn, Lotte: Elternsprechtag. Wie schlimm ist Schule wirklich? Was Eltern, Schüler und Lehrer täglich erleben. Knaur Verlag, München 2006.

Prashnig, Barbara: The Power of Diversity, 3rd edition. Network Continuum Press, London 2008.

Prashnig, Barbara: Learning Styles in Action. Network Continuum Press, London 2006.

Rimm, Sylvia: Why Bright Kids Get Poor Grades: And What You Can Do About It. Random House, New York 2004.

Salcher, Andreas: Der talentierte Schüler und seine Feinde. Ecowin Verlag, Salzburg 2008.

Spitzer, Manfred: Lernen: Die Entdeckung des Selbstverständlichen (DVD). Archiv der Zukunft – Produktionen, Hamburg 2006.

Spitzer, Manfred: Lernen: Gehirnforschung und die Schule des Lebens. Spektrum-Springer Verlag, Berlin, Heidelberg 2007.

Was für Schulen! Gute Schule in Deutschland. Im Auftrag der Robert Bosch Stiftung und der Heidehof Stiftung herausgegeben von P. Fauser, M. Prenzel und M. Schratz. Klett-Kallmeyer, Seelze-Velber 2007.